Cliff Jacobson

Karte & Kompaß

OUTDOOR Stein HANDBUCH

 1. Auflage 1992

Der Autor ist für Hinweise und Verbesserungsvorschläge an den Verlag dankbar. Leser, deren Einsendung verwertet wird, werden in der nächsten Ausgabe genannt und erhalten als Dank ein Belegexemplar der neuen Auflage.

Text	Cliff Jacobson
Deutsche Bearbeitung	Reinhard Kummer
Übersetzung	Sue Legahn
Titelbild	Robert Bartscher
Illustrationen	Cliff Moen
Lektorat	Cornelia Hallmann/Dagmar Goergens
Umbruch	Cornelia Hallmann
Litho	Brandner GmbH
Gesamtherstellung	Nieswand-Druck GmbH

Titel der amerikanischen Originalausgabe: *Map and Compass*, erschienen bei ICS, Books, Inc., Merrillville, in der Reihe *The Basic Essentials.*

Gedruckt auf chlorfrei gebleichtem schwedischem Munkenelk-Papier.

ISBN 3-89392-104-4 DM 12,80

Inhalt

Über den Autor

Cliff Jacobson hat zahlreiche Bücher über Kanufahren, Camping und verwandte Themen geschrieben. Er betreibt ein Geschäft für Sommerausrüstungen und veranstaltet im Sommer ausgedehnte Kanutouren in die kanadische Wildnis. Er wohnt in Hastings, MN.

Vorwort

Wer in die Wildnis will, muß den Umgang mit Karte und Kompaß beherrschen. Das ist selbstverständlich. Warum sich aber in der europäischen Zivilisation damit belasten, mag sich mancher fragen.

Die Wanderwege sind gut ausgebaut, markiert, und man trifft ständig Leute, die man fragen kann. Doch auch in Europa gibt es plötzliche Wetterveränderungen, Schilder, die falsch angebracht sind, und Leute, die vielleicht unwissentlich falsche Auskunft geben, und schon wandert man orientierungslos durch die Gegend. Nur der ständige Blick in die Karte, das Überprüfen der Richtung mit dem Kompaß können einem so manche böse Überraschung ersparen.

So hatten wir uns beispielsweise bei einer Tour in den Pyrenäen bei bestem Wetter an einer Weggabelung für die falsche Richtung entschieden. Augenschein, Gefühl und ein kurzer Blick in die Karte ließen eigentlich keine andere Richtung zu. Nach einer Stunde mühseligen Aufstiegs merkten wir unseren Fehler. Das hieß Absteigen bis zur Weggabelung und dann weiter, diesmal in der richtigen Richtung.

Der genaue Blick in die Karte, das Überprüfen der Marschrichtung mit dem Kompaß hätten uns zwei Stunden Zeit und Kraft erspart. Kompaß und Karte ergänzen sich ideal. Das Wissen um ihre Anwendung gibt Ruhe und Sicherheit.

Bei der deutschen Übertragung des amerikanischen Originaltextes wurden nicht alle Beispiele ins hiesige metrische System übertragen, da es für das Verständnis nicht notwendig ist, ob in Kilometern oder Meilen gemessen wird.

> Wenn Sie trotzdem alles übertragen möchten:
> 1 Fuß = 30,48 cm = 0,3048 m, 1 Meile = 1,609 km = 1.609 m.

Ohne die beiden **wichtigsten Ausrüstungsgegenstände** - Karte und Kompaß - ist es sinnlos, mit der Lektüre dieses Buches zu beginnen. Bitte besorgen Sie sich folgendes Material:

Orientierungskompaß mit Lineal (**OL-Kompaß**): Andere Kompasse sind nicht annähernd so gut geeignet. In Kapitel ☞ Anatomie des Kompasses wird der OL-Kompaß genau beschrieben; gute OL-Kompasse bekommt man schon für unter DM 40.

Aus Platz- und Kostengründen können wir hier keine farbige topographische Karte abdrucken. Stattdessen haben wir Ausschnitte aus großen Karten entsprechend verkleinert und die wesentlichen Informationen darin vereint. Zwar reicht dies zum Lernen aus, aber eine **große topographische Karte** mit allen notwendigen Angaben auf einem Blatt ist sicher sehr hilfreich, um einen Gesamteindruck zu bekommen.

Dazu ist jede topographische Karte geeignet, je größer der Maßstab, desto besser. Ideal ist eine Karte mit dem Maßstab 1:25.000 (sog. "Meßtischblatt") oder 1:50.000. Achten Sie beim Kauf der Karte darauf, daß ein Gitternetz eingezeichnet bzw. am Kartenrahmen angedeutet ist. Bei angedeutetem Gitter verbinden Sie bitte zu Hause die gleichlautenden Marken oben und unten, links und rechts mit Lineal und Bleistift. Am besten besorgt man sich die Karte seines Wohnortes oder seines bevorzugten Wandergebietes.

Karten - Einführung

Vor einigen Jahren traf ich auf einer Kanuwanderung in Boundary Waters, Minnesota, hinter einer Flußbiegung auf ein junges Paar, das auf einem Felsen hockte und verzweifelt auf etwas starrte, das wie eine Landkarte aussah. Als sie mich kommen sahen, winkten sie voller Hoffnung in meine Richtung. Neugierig paddelte ich hinüber und stellte fest, daß sie sich hoffnungslos verirrt hatten.

Der junge Mann erzählte mir, daß sie am Tag zuvor mit Rucksack und Ausrüstung aufgebrochen seien, um ein Stück den Kekakabic Trail (ein Forstweg zwischen Ely und Grand Marais) entlangzuwandern. Der Trail verläuft entlang einiger Seen, so daß wir uns hier treffen konnten. Leider ist der Trail nicht gut markiert und wird kaum in Ordnung gehalten; außerdem wird er von vielen Wildwechseln und Bootsportagen gekreuzt, was die Orientierung beträchtlich erschwert. Ein guter OL-Kompaß und eine topographische Karte sind auf dem Kek ein Muß.

Während der junge Mann Kaffee kochte, suchte die Frau weiter auf der Karte herum. "Ich glaube, wir sind hier", sagte sie und tippte mit dem Finger auf einen kleinen Landzipfel an einem der Seen. Ungläubig betrachtete ich den Maßstab der Karte (1:500.000). Selbst mit meiner Doppelsichtbrille konnte ich nichts erkennen.

"Wo habt Ihr diese Karte her?" erkundigte ich mich. "Von unserem Ausrüster", kam die Antwort.

Ich ging zu meinem Kanu und holte meine 1:50.000 Karte hervor und breitete sie auf dem bemoosten Felsen aus. "Wir sind hier", sagte ich und zeigte auf eine Stelle, ein gutes Stück entfernt von der angenommenen. "Wie findet Ihr Euch nur mit so einer Karte zurecht?" "Tun wir ja nicht. Wir dachten, die Karte reicht aus, wir kämen schon klar." "Sicher", sagte ich. In meiner Gruppe hatten wir drei gleiche Karten, und so war es kein Problem, den jungen Leuten eine zu überlassen.

Dieses Beispiel zeigt, daß es einfach unmöglich ist, gute Arbeit ohne das richtige Handwerkszeug zu leisten. Eine gute Karte ist das A und O, ein Kompaß allein bringt nicht viel. Er ist nur sinnvoll, wenn wir wissen, worauf wir ihn richten, und dafür benötigen wir eine Karte mit einem für den Zweck angemessenen Maßstab.

Der **Maßstab** stellt das Verhältnis der Verkleinerung der Karte gegenüber der Natur dar.
Beispiel: 1:25.000 bedeutet, daß 1 cm auf der Karte 25.000 cm in der Natur sind, also 250 m. 4 cm sind demnach 1 km. Beim Maßstab 1:100.000 sind 1 cm auf der Karte 1 km in der Wirklichkeit.

Ist die Maßstabszahl klein, z.B. 25.000, spricht man von einem "großen" Maßstab, während eine große Maßstabszahl, etwa 1:1 Mio., ein kleiner Maßstab ist.

Eine einfache Straßen- oder Landkarte der Gegend ist besser als gar keine Karte. Wenn man sich z.B. in einem dicht bewaldeten Gebiet verläuft und nur einen Kompaß, aber keine Karte hat und auch keine Ahnung, wo das Auto abgestellt oder wo man losmarschiert ist, steht man plötzlich ziemlich verloren da. Eigentlich wollte man ja auch gar nicht sooo weit laufen!

Also überlegen Sie: Wie kommen Sie aus dem Wald wieder hinaus? Es gibt eine Methode - sie heißt Glück. Vielleicht trifft man irgendwann, wenn man immer geradeaus geht, auf eine Straße. Vielleicht auch nicht...!

Spielen wir jetzt das Ganze noch einmal mit Hilfe einer einfachen Straßenkarte durch (Abb. 1). Diesmal können wir schon Genaueres sagen. Also, Sie fahren südöstlich auf der "2" am Glacier National Park entlang. Sie parken irgendwo an der Straße und schlagen sich ungefähr in nordöstlicher Richtung in den Wald. Karte und Kompaß sind ganz unten in der Tasche. Die braucht man ja sowieso nicht, man will ja nur ein kleines Stück laufen!

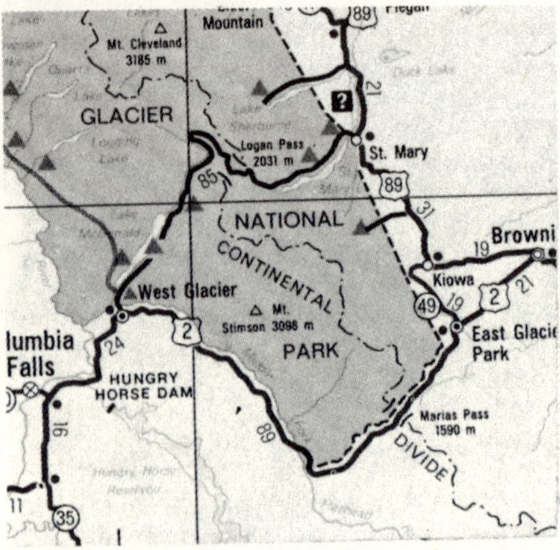

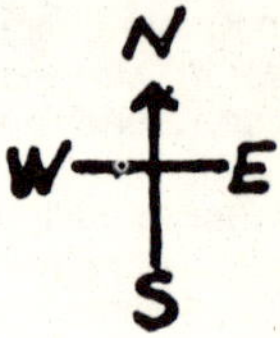

Abb. 1 - Straßenkarte des Glacier Nationalparks

Nach ein paar Stunden ist die Begeisterung sichtlich dahin. Zwischen undurchdringlichen Kiefernwäldern erstrecken sich Meilen unbekannten Geländes zwischen Ihnen und dem Wagen. Was tun? Ganz einfach. Auf der Karte ist zu sehen, daß der Park rings von Straßen umgeben ist; das sind nicht viele Details, aber es reicht. Ein ungefährer Südsüdwestkurs brächte Sie zum Highway 2, von dort können Sie sich durchfragen.

Man sieht also, daß man sogar mit einer einfachen Straßenkarte von der Tankstelle wieder "aus dem Wald findet" - vorausgesetzt, man hat auch einen Kompaß und kann ihn benutzen.

Topographische Karten

Straßenkarten

Straßenkarten sind thematische Karten. Sie heben einen bestimmten Aspekt der Landschaft besonders hervor, anderes wird vernachlässigt bzw. vereinfacht dargestellt (Generalisierung). Im Auto sind Hügel und Täler ja auch nicht von großer Bedeutung. Aber in Wanderstiefeln sieht das ganz anders aus.

Für alle Unternehmungen abseits der Straßen muß man eine Karte haben, die auch die Höhen-und Tiefenangaben beinhaltet sowie wichtige Hindernisse wie Sümpfe oder steile Abhänge. Nur mit sogenannten topographischen Karten erhält man ein annähernd dreidimensionales Bild der Landschaft.

Maßstäbe topographischer Kartenwerke

Topographische Kartenwerke gibt es für viele Länder der Erde. Sie werden meist von staatlichen Behörden mit hohem technischen und personellen Aufwand hergestellt. Zur Zeit gibt es für etwa 45% der Landfläche der Erde brauchbare Karten im Maßstab 1:100.000 oder 1:50.000.

Leider sind diese Karten aus politisch-militärischen Gründen nicht immer besorgbar. Dies gilt zwar besonders für Dritte-Welt-Länder, aber auch z.B. für die Türkei oder die ehem. Sowjetunion.

Die topographische Karte ist heute eine **Vielzweckkarte**. Standen früher hauptsächlich militärische, verwaltungstechnische und wissenschaftliche Aufgaben im Vordergrund, findet sie heute auch im Tourismus zunehmend Verwendung. Für unsere Zwecke interessante Kartenwerke sind nachfolgend aufgeführt.

1: 250.000: 1 cm auf der Karte sind 2,5 km in der Natur. In strukturstarken Ländern ist sie als Übersichts- und Planungskarte brauchbar. In strukturschwachen Ländern wie Kanada oder Australien kann sie durchaus als Kanuwanderkarte dienen, wenn gleichzeitig weitere Informationen durch entsprechende Literatur vorliegen.

In manchen Ländern, wie z.B. Deutschland, gibt es statt der 250.000 den Maßstab 1:200.000.

1: 100.000: Bei der sog. "TK 100" entspricht 1 cm auf der Karte 1 km in der Natur. Dieses Kartenwerk ist in den Industrieländern vor allem bei den Radfahrern sehr beliebt.

1: 50.000: Sie wird auch "2-cm-Karte" genannt. Denn 2 cm auf der Karte sind 1 km in der Natur. Dieses Kartenwerk ist eigentlich universell einsetzbar. Für alle Aktivitäten draußen liefert es hervorragende Dienste. Nur Wanderer im Hochgebirge sollten aus Sicherheitsgründen lieber zur "4-cm-Karte" greifen.

1: 25.000: Die "4-cm-Karte" (TK 25; "Meßtischblatt") gibt es in relativ wenigen Ländern. Bei ihr sind 1 cm 250 m in der Natur, d.h. 4 cm entsprechen 1 km. Für Hochgebirgswanderer und für Leute, die ein kleines Gebiet restlos erforschen wollen, ist dieser Maßstab besonders geeignet.

Topographische Sonderkarten: In Deutschland und einigen anderen, vorwiegend europäischen Ländern werden auf der Grundlage der topographischen Kartenwerke Sonderkarten gedruckt. Sie enthalten neben den normalen Informationen, z.B. durch eine besondere Farbe hervorgehoben, Wanderwege, Schutzhütten, Loipen etc. Oft weichen sie auch vom üblichen strengen Kartenschnitt ab, um z.B. touristisch attraktive Gebiete auf einem Kartenblatt abbilden zu können. Man achte bei topographischen Sonderkarten darauf, ob a. ein Gitter am Kartenrand angedeutet oder in die Karte eingedruckt ist und b. die Mißweisung angegeben ist; ansonsten sind sie für den Kompaßwanderer nicht optimal nutzbar. Einige Beispiele: Wandern im mittleren Harz: 1:50.000; Berchtesgadener Land 1:50.000.

Private topographische Karten, herausgegeben von Verlagen oder Organisationen, gibt es vor allem in Deutschland, Österreich und der Schweiz in großer Zahl, z.B. ADFC-Radtourenkarte, Kompaß-Wanderkarten, Freytag-& Berndt-Wanderkarten.

Sie werden oft auf der Grundlage amtlicher topographischer Karten hergestellt und dann für bestimmte Käuferschichten aufbereitet. Durch die stärkere Generalisierung wirken sie übersichtlicher und dadurch ansprechender. Achten Sie auch hierbei auf das Gitter, auf Linien, Mißweisungsangaben und auf den Grad der Generalisierung (fehlende Höhenlinien beispielsweise).

Lieferbare topographische Kartenwerke ausgewählter Länder
Beschaffbarkeit: Europa 2-4 Wochen, andereLänder: 4-8 Wochen.

Land	TK 25	TK 50	TK 100	TK 200	TK 250	Sonderkarten
Deutschland	x	x	x	x	-	x
Dänemark	x	x	x	x	-	x
Finnland	-	x[1]	x	x	-	x
Frankreich	x	-	x	-	x	x
Großbritannien	x	x	-	-	x	x
Irland	-	x[2]	x[3]	-	x	-
Island	-	x[4]	x	-	x	x
Italien	x	x[5]	x	x	x	x
Kanada	-	x	-	-	x	x
Neuseeland	-	x	-	-	x	x
Norwegen	-	x	-	-	x	x
Österreich	x	x	-	x	-	x
Portugal	-	x	x	x	-	-
Schweden	-	x	x	-	x	x
Schweiz	x	x	x	x	-	x
Spanien	x	x	x	x	-	-
Ungarn	x	-	x	x	-	x
USA	x[6]	x	x	-	x	x

x[1] Finnland 1:50.000 im Neuaufbau
x[2], x[3] Irland: 1:63.360 und 1:126.720
x[4] Island 1:50.000 im Neuaufbau
x[5] Italien 1:50.000 im Neuaufbau; nach Fertigstellung entfallen die Maßstäbe 1:25.000 und 1:100.000
x[6] USA 1:25.000 im Entstehen

Alter amtlicher topographischer Karten
In Deutschland ist kaum eine Karte älter als fünf Jahre. In Norwegen, Spanien oder Kanada beispielsweise sieht das schon ganz anders

aus. Hier gibt es durchaus Blätter, die 30 oder 40 Jahre alt sind. Die Vermessungsämter sind natürlich bemüht, Karten auf dem neuesten Stand zu halten. Das ist bei den großen Flächenländern nicht nur ein finanzielles Problem. Aber eine alte Karte ist besser als gar keine.

tip Meist haben sich nur Straßen und Orte verändert. Hier lohnt sich dann der Vergleich mit der Straßenkarte der Gegend. Straßenkarten werden oft sehr viel schneller berichtigt.

Bestellen der Karten

Zur Ermittlung der geeigneten Karten ist es notwendig, Kartenname und Kartennummer aus einem Blattschnitt (Index) herauszusuchen.

In Deutschland gibt es eine Reihe spezialisierter Buchhandlungen, die solche Blattschnitte zur Einsicht bereitlegen. Hier kann man auch Preis, Lieferbarkeit und Lieferdauer in Erfahrung bringen.

Bedenken Sie bitte, keine noch so spezialisierte Buchhandlung kann alle lieferbaren Karten am Lager haben. Besonders bei ausgefallenen Wünschen müssen Sie mit längeren Lieferzeiten rechnen. Bestellen Sie also rechtzeitig.

In der Regel sind die Karten in den Ursprungsländern preislich günstiger. Aber wer möchte schon den halben Urlaub auf der Suche nach der optimalen Karte verbringen?

tip Am Ende dieses OutdoorHandbuches finden Sie eine Liste mit ☞ Adressen spezialisierter Kartenshops.

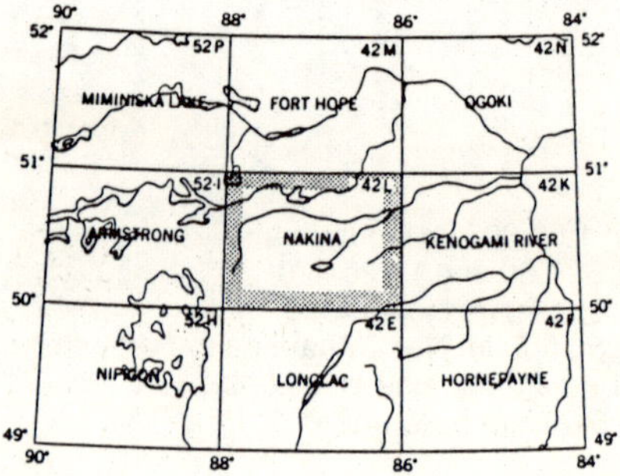

Abb. 2 - Beispiel für einen Blattschnitt. (Ausschnitt aus dem Index Kanada 1:250.000), Blattname "Nakina", Blattnummer 42L und Anschlußkarten

Längen- und Breitengrade

Jede Karte ist nur ein winziger Ausschnitt der Erdoberfläche aus der Vogelperspektive. Aber wie paßt er sich in das Ganze? Mit Hilfe der Längen- und Breitengrade ist es möglich, die Lage jedes Punktes auf dem Globus genau zu bestimmen.

Breitengrade verlaufen parallel zum Äquator, der den Null-Grad darstellt. Die Längengrade, nordsüdlich verlaufende Linien, die sich an den Polen kreuzen, werden auch "Meridiane" genannt. Längengrade werden in "Grad östlicher oder westlicher Länge" gemessen, beginnend am "Null-Meridian" in Greenwich, England.

Indem man diese Längen- und Breitengrade durch Minuten- und Sekundeneinteilungen weiter unterteilt, erhält man ein Koordinatensystem, mit dessen Hilfe man jeden Punkt auf der Erde eindeutig bestimmen kann. Die Regeln hierfür sind einfach:

1 ° (1 Grad) = 60 ' (Minuten)
1' = 60"(Sekunden)

Ein Beispiel: Selkirk, Ontario, (Abb. 3) liegt bei 96 ° 55' westlicher Länge und 50 ° 10' nördlicher Breite.

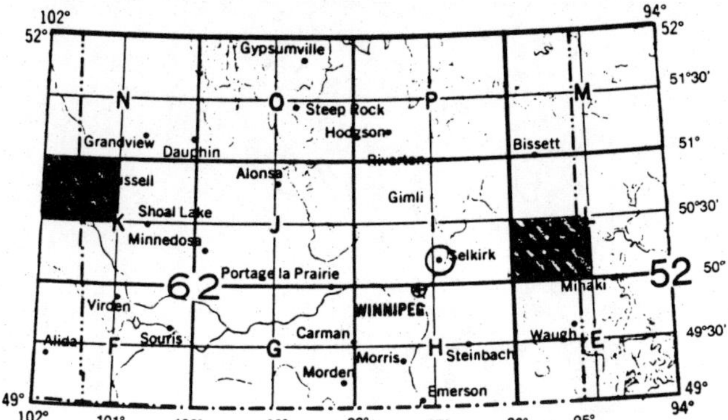

Abb. 3 - Länge und Breite von Selkirk, Ontario

Norden

"Norden" ist, das weiß jeder, der "hoch nach Norden" fährt, immer oben auf der Landkarte. So weit, so gut. Für Mitteleuropa ist diese Information ausreichend, um sich zurechtzufinden. Ist man allerdings auf Island oder Grönland oder Alaska, muß man schon die Unterschiede zwischen den drei Norden kennen.

Geographischer, rechtweisender Norden

Am wichtigsten ist der geographische oder rechtweisende Norden. In dieser Richtung verlaufen auch die Längengrade. In topographischen Karten verlaufen nur die rechten und linken Kartenränder exakt nach geographisch Nord.

Da die Längengrade zu den Polen aufeinander zulaufen, sind die Kartenränder nicht parallel (je dichter zu den Polen, umso weniger parallel).

Das auf dem Kartenblatt eingetragene Gitter weicht etwas von geographisch Nord ab (außer am Äquator). Zur Ermittlung der genauen Längen- und Breitenkoordinaten eines Punktes muß man sich Hilfslinien zeichnen (Abb. 4).

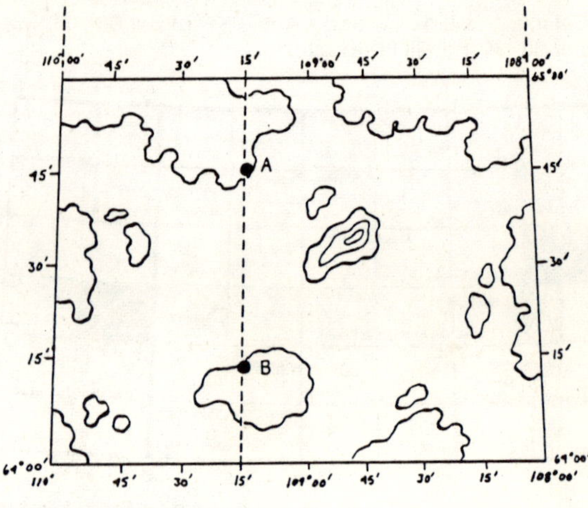

Abb. 4 - Geographisch Nord auf der Karte

Gitternord

Alle amtlichen topographischen Karten sind mit Gitterlinien versehen, welche entweder eingetragen oder im Kartenrahmen angedeutet sind. Ursprünglich waren die Gitterlinien echte Längen- bzw. Breitengrade, bis man die Erdkugel als Fläche darstellte, um sie auf Papier zu bannen.

Um die Verzerrung möglichst gering zu halten, verwenden die Kartographen eine Reihe verschiedener Projektionen, aber keine davon ist ganz ohne Fehler. Gitterlinien stellen daher in der Regel keine echten (rechtweisenden) Nord-Süd- oder Ost-West-Linien dar. Die Abweichung oder der Fehler wird in einem Mißweisungs-Diagramm meist am unteren Kartenrand angegeben (Abb. 20), ist aber normalerweise so gering, daß man sie (außer für Vermessungszwecke) vernachlässigen kann.

Bei zivilen und militärischen topographischen Karten arbeitet man ausschließlich mit Gitternord. Der rechtweisende Norden wird nur benutzt, wenn keine Gitterlinien abgedruckt sind.

Magnetischer, mißweisender Norden
Jeder weiß, daß die Kompaßnadel nicht den rechtweisenden Norden anzeigt, sondern den magnetischen Nordpol, der einige hundert Kilometer südlich des richtigen liegt. Auf allen topographischen Karten sind die Abweichungen der drei Norden in der Legende oder einem entsprechenden Mißweisungs-Diagramm angegeben. In Kapitel ☞ Grundlagen der Orientierung finden Sie eine Erörterung darüber, ob und wie die Abweichung die Orientierung beeinträchtigt.

Höhenlinien

Die dünnen braunen Linien auf den topographischen Karten heißen **Höhenlinien**. Durch sie werden Höhen und Tiefen der Landschaft dargestellt. Mehr darüber im Kapitel ☞ Umgang mit Karten.

Karten-Symbole

Wie kann man auf der Karte eine Kirche von einer Schule unterscheiden? Natürlich durch das entsprechende Symbol. Die meisten der vielen Dutzend Karten-Symbole sind ganz offensichtlich. Aber für alle Fälle sind bei den meisten Karten die wichtigsten Symbole am Rand oder auf der Rückseite erklärt. Höhenlinien, Symbole und Farbgebung sind zum Glück weltweit einigermaßen einheitlich. So sind Wasserläufe z.B. immer blau, Höhen sind braun etc.

tip Bei alten Karten sollte man der Lage von Straßen, Schulen oder Kirchen nicht allzu viel Glauben schenken. Es ist gut möglich, daß diese Dinge, da von Menschen geschaffen, längst nicht mehr existieren.

Aus Gründen der Übersichtlichkeit sind die Eintragungen der Symbole nicht maßstabgetreu; sie sehen viel größer aus, als sie wirklich sind. Nur ihre Lage ist entsprechend dem Mittelpunkt der Eintragung präzise wiedergegeben. Wenn man also einen bestimmten Punkt anpeilt, benutze man den Mittelpunkt der eingetragenen Objekte.

Umgang mit Karten

Kleine Höhenlinienkunde

Höhenlinien sind die auf der topographischen Karte braun eingezeichneten Linien. Sie geben die Höhe jedes Ortes auf der Karte über dem Meeresspiegel an (selten zu einem anderen Referenzpunkt) und erlauben somit eine dreidimensionale Vorstellung des Gebietes anstatt der gewöhnlich zweidimensionalen.

Es gibt ganze Bücher über Höhenlinien und deren Interpretation. Allerdings kommt man mit folgendem Grundwissen auch schon ziemlich weit:

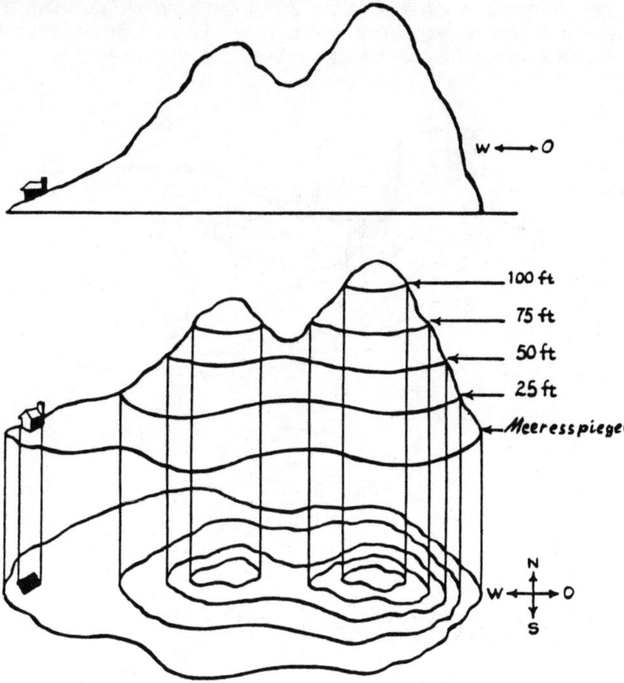

Abb. 5 - Höhenlinien

Höhenlinien verbinden Punkte gleicher Höhe auf der Karte. Eng aufeinanderfolgende Höhenlinien bedeuten also starke Steigung, weit auseinanderliegende geringes Gefälle (Abb. 5).

Der Weg steigt oder fällt also nur, wenn man von einer Höhenlinie zur nächsten geht. Geht man auf einer Linie entlang, bewegt man sich immer auf gleicher Höhe.

Das **Höhenintervall** (Äquidistanz) bezeichnet den vertikalen Abstand zwischen den Höhenlinien. Der Intervallwert wird in Meter oder Fuß am unteren Kartenrand angegeben. Bei einem Intervall von 20 m bedeutet das ein Gefälle oder eine Steigung von jeweils 20 m von einer Höhenlinie zur nächsten. Zähllinien sind Höhenlinien, die in regelmäßigen Abständen etwas dunkler eingezeichnet und mit der tatsächlichen Höhe über dem Meeresspiegel versehen sind.

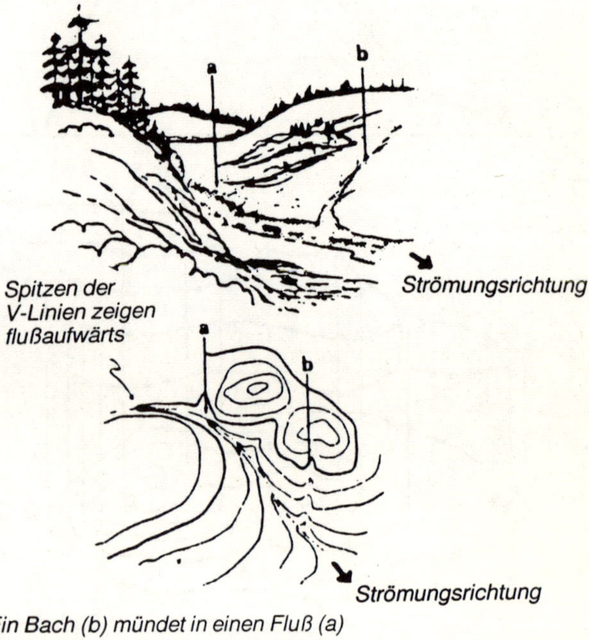

Abb. 6 - Ein Bach (b) mündet in einen Fluß (a)

Die **Intervalle** werden vom Kartographen festgelegt, abhängig von den Höhenverhältnissen in der betreffenden Region. In bergigen Gegenden wird ein Intervall von meist 20 m, im flachen Land von oft weniger als 10 m angesetzt. Höhenlinien auf verschiedenen Karten bedeuten also nicht unbedingt dasselbe.

Je größer das Intervall, umso weniger klar sind die landschaftlichen Charakteristika der Gegend zu ersehen. Eine Karte mit einem Intervall von 10 m sagt also mehr aus als eine mit 50-m-Intervallen. Bei Wander- oder Skiausflügen ist dies zu beachten. Denken Sie daran, die kürzeste Verbindung zweier Punkte ist eine gerade Linie; dies gilt aber nicht im Gebirge.

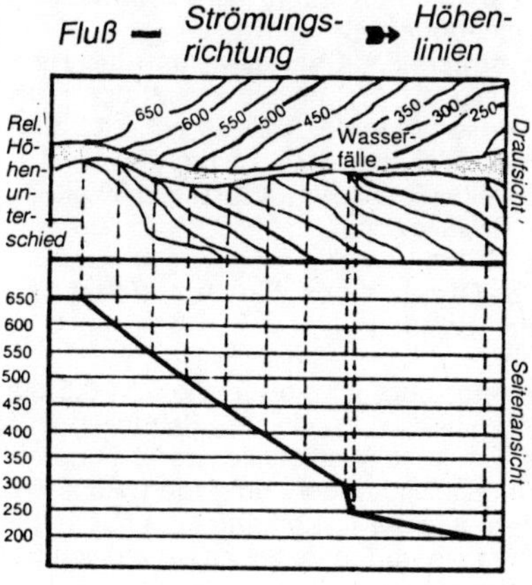

Abb. 7 - Wasserfälle sind auf der Höhenkarte gut zu erkennen.
Wenn die V-Spitzen in enger werdenden Abständen zusammentreffen, deutet das auf eine steile Falltiefe hin. Hier sieht man den extremen Höhenunterschied von 300 zu 250 und den allmählichen zwischen 250 und 200.

Wo **Höhenlinien aufeinandertreffen**, befindet sich eine Stelle starken Gefälles, z.B. ein Wasserfall, eine Schlucht etc. Beim Befahren eines unbekannten Flusses sollte man bei der Planung besonders auf derartige Stellen achten. Wo eng nebeneinander verlaufende Höhenlinien den Fluß kreuzen, darf man mit Sicherheit einen Katarakt oder Wasserfall erwarten. Um sicher zu gehen, sollte man sich eine Reliefzeichnung des Flusses anfertigen, aus der das tatsächliche Gefälle zu ersehen ist.

Erstellen eines Reliefs

Zunächst begrenzt man die Flußroute rechts und links mit einer Linie und arbeitet nur mit diesem Ausschnitt. Auf diese Art konzentriert man sich auf den Fluß und wird nicht von anderen Dingen auf der Karte abgelenkt. Ich benutze dafür einen leuchtenden Textmarker.

Dann markiert man mit Hilfe der Maßstabs-Skala die Entfernungen entlang der Route in Meilen, Kilometern oder Metern.

Bei 1:250.000-Karten mache ich mir jeweils bei 4 Meilen eine Markierung, d.h. im Abstand von einem Inch (ca. 2,54 cm) auf der Karte. (Abb. 8). Damit soll eine Übersicht geschaffen werden, ohne zuviel Information auf engem Raum unterzubringen.

Jetzt zeichnet man mit einem spitzen Bleistift einen Pfeil an alle Stellen, wo Höhenlinien den Fluß kreuzen. Daneben schreibt man sich die Höhe und kreist diese Zahl ein (auf jeden Fall vergewissern, ob die Höhe in Meter oder Fuß angegeben ist).

Nun kann man das Gefälle errechnen. Das kann man mit Hilfe einer Tabelle (Abb. 8). Beispiel: Die 800-Höhenlinie kreuzt den Fluß bei Meile 63, die 700-Linie bei Meile 69. In der Tabelle schreibt man 63-69 (Distanz = 6). 100 (Höhenintervall) geteilt durch 6 ergibt 17, d.h. das Gefälle beträgt hier 17 Fuß/Meile (ca 3m/km). Von Meile 69 bis 83 ist das Gefälle geringer, nur 7 Fuß/Meile usw.

Um festzustellen, **ob das Befahren eines Flusses sicher ist**, sollte man folgende **Faustregeln** beachten:

- Für ein offenes Kanu oder Angelboot ist ein Gefälle von 0,5 bis 1 m/km angenehm. Bei 1,5 m/km gibt es schon leichte Schnellen. Für ein offenes Boot sind 4 oder mehr m/km eigentlich die Grenze, und bei 6 m/km muß man selbst ein Gummischlauchboot umtragen. Achtung: Dies sind natürlich nur Richtlinien. Aus der Karte kann man nur ungefähr ersehen, worauf man gefaßt sein muß, nicht, was da wirklich ist. Dafür hat man seine Augen.

- Genauso wichtig wie die Kenntnis des Gefälles pro Kilometer ist die der Erscheinungsform des Gefälles, z.B. als Katarakte, Dämme, Schnellen etc. Bei rasch aufeinanderfolgenden Gefällestellen wird man wahrscheinlich umtragen müssen, während der Rest des Flusses vielleicht gut zu befahren ist. Bei gleichmäßig steilem Gefälle kann man eine schnelle, wilde Abfahrt erwarten, für die man gewappnet sein sollte.

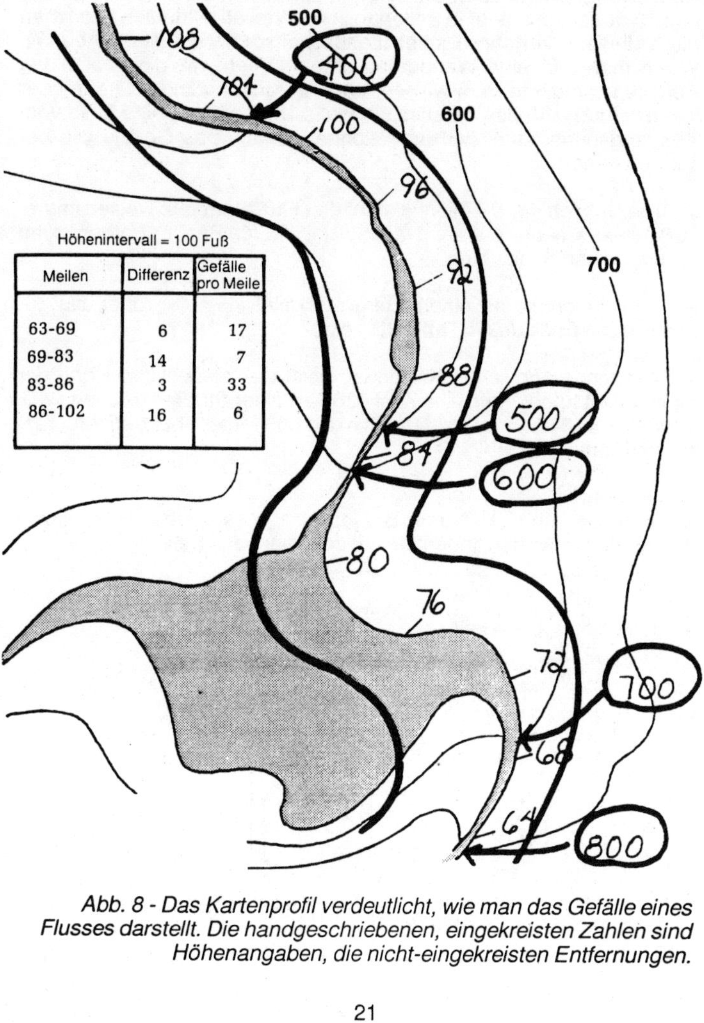

Meilen	Differenz	Gefälle pro Meile
63-69	6	17
69-83	14	7
83-86	3	33
86-102	16	6

Abb. 8 - Das Kartenprofil verdeutlicht, wie man das Gefälle eines Flusses darstellt. Die handgeschriebenen, eingekreisten Zahlen sind Höhenangaben, die nicht-eingekreisten Entfernungen.

Anmerkung: Um einen besseren Eindruck zu erhalten, kann man aus einer Draufsichtkarte eine Seitenansicht erstellen. Natürlich kann man nach diesem Verfahren jedes Landschaftsprofil erstellen (Abb. 7). Wenn man z.B. eine Wanderung unternehmen will, die über einen Berg führt, möchte man wissen, ob man hinauf wandern kann oder klettern muß. Um das herauszufinden, zieht man sich eine Linie vom Ausgangspunkt zum Ziel und zeichnet danach das Gefälle wie beschrieben ein.

- Die Spitzen der V-Linien, die auf den Fluß zulaufen, weisen immer flußaufwärts (Abb. 6 u. 7). Das gleiche gilt für Bäche, unterirdische Flußläufe und Schluchten.

- Eine Felsnase an einem Berg erscheint als "U", wobei das geschlossene Ende des "U" abwärts zeigt.

- Auf topographischen Karten ist meist die tatsächliche Höhe der Objekte mit angegeben. Die Zahl 636X an einer Straßenkreuzung z.B. bedeutet, daß der markierte Punkt exakt 636 Meter über dem Meeresspiegel liegt.

Höhenquiz
Mit Hilfe der Abb. 9 können Sie jetzt Ihr Wissen über Höhenlinien testen; die Antworten finden Sie auf den folgenden Seiten.

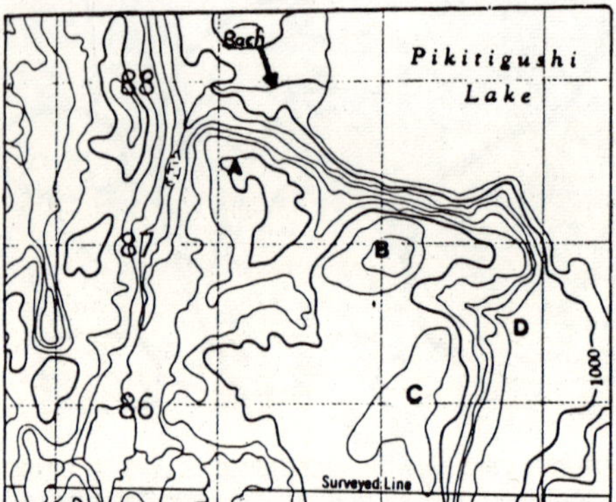

Abb. 9: Illustration für das Höhenquiz, Höhenintervalle 50 Fuß, Höhe in Fuß über Normalnull

1) Fließt der Bach in den oder aus dem Pikitigushi Lake?

2) Sie stehen auf Punkt A. Wie hoch über dem Meeresspiegel ist dieser Punkt? (Hinweis: Beachten Sie die 1.000 Fuß Zähllinie östlich!).

3) Sie stehen auf Punkt B und sehen zum Pikitigushi Lake. Beschreiben Sie die Topographie, die vor Ihnen liegt!

4) Sie gehen in südlicher Richtung von B nach C. Gehen Sie aufwärts (a), abwärts (b) oder auf gleicher Höhe (c)?

5) Sie gehen von B nach D. Gehen Sie einen steilen Hügel hinauf (a), in eine Schlucht (b) oder aus einer Schlucht hinaus (c)?

Antworten

1) In den See hinein. Zur Erinnerung: Die Spitzen der V-Linien zeigen flußaufwärts.

2) 1.250 Fuß. Die Zähllinie im Osten liegt bei 1.000 Fuß, das Intervall beträgt 50 Fuß. 5 Linien à 50 Fuß ergeben 250 Fuß.

3) Ein sehr starkes Gefälle zum See hin, welches wahrscheinlich nicht zu ersteigen ist.

4) Man verliert 50 Fuß Höhe (man geht zunächst 100 Fuß auf das Plateau hinab, dann wieder 50 Fuß hinauf zu Punkt C).

5) (b) eine Schlucht hinab.

Benutzung der Maßstabsskala zur Entfernungsbestimmung

Meistens errechnet man die Entfernung zweier Punkte auf der Karte, indem man sich einfach ins Gedächtnis ruft, wieviele Zentimeter auf der Karte wieviele Meter in der Natur darstellen. Manchmal möchte man es aber genauer wissen. Dazu benötigt man ein Stück Papier und natürlich die Maßstabsskala.

Um die Entfernung von "a" nach "b" auf der Karte zu bestimmen (Abb. 10), legt man den Rand des Papiers an die beiden Punkte an, überträgt die Entfernung und legt diese wiederum an der Skala an und liest dort ab. Die Entfernung in der Abbildung ist fast genau ein Kilometer. Auch mit dem Lineal am Rahmen des Kompasses kann man die Entfernung direkt abmessen.

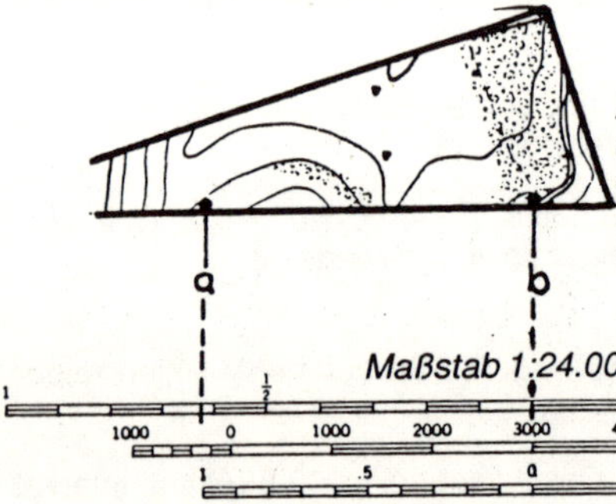

Abb. 10 - Punkte "a" und "b" auf dem Papier markieren, dann mit der Maßstabsskala vergleichen.

Vorbereitung der Karte zur Verwendung im Gelände

Wenn man Karten gut präpariert und schützt, macht es Spaß, damit zu arbeiten. Dafür empfehle ich:

- Die gewünschte Route mit einem Textmarker markieren. Damit erkennt man sie auf einen Blick.

- Wenn man zu Fuß oder mit dem Boot auf oder an Flüssen oder Seen unterwegs ist, empfiehlt es sich, die Kilometer zu notieren (Abb. 8 beim Erstellen des Profils). So kann man verhindern, daß man sich zu viel vornimmt. Kanuten und andere Bootsfahrer sollten sich die Halteplätze vor Wasserfällen oder gefährlichen Schnellen sowie Portagen einzeichnen. Um sicher zu gehen, sollte man sich ein Fluß- (oder Weg-) Profil erstellen, aus dem das Gefälle zu erkennen ist.

- Es ist sinnlos, riesige Karten mitzuschleppen, wenn man nur einen winzigen Ausschnitt braucht. Also sollte man vorher alles überflüssige Papier abschneiden. Um mehrere einzelne Kartenblätter zu ordnen, geht man wie folgt vor: Zuerst die Kartenteile vorsichtig, Linie auf Linie, zusammenkleben. Die Legende extra ausschneiden und auf die Rückseite oder an den Rand oder eine unwichtige Stelle kleben. Dann sollten Sie die Kartenblätter durchnumerieren.

▸ Es ist praktischer, Karten, die man draußen benutzen will, zu falten, als sie aufzurollen.

▸ Wenn der Platz es zuläßt, z.B. bei Angelbooten, sollte man Karten, die oft benutzt werden, auf ein Sperrholzbrett kleben und mit Klarlack vor Wasser schützen. In eine Ecke des Brettes bohrt man ein Loch und zieht ein Stück Nylonsicherheitsleine hindurch. Man kann auch den Kompaß mit daranbinden. So hat man alles gut geschützt und doch immer zur Hand.

▸ Hier noch einige Tips, wie man Karten vor Wasser schützen kann: Die **Karten in verschließbare Plastiktüten** stecken. In Globetrotterläden bekommt man stabile Tüten mit Rollverschluß und Klettband (Ortlieb).

Karten mit Klarsichtfolie (selbstklebend) **überziehen**. Damit sind sie wassergeschützt. Beschriftung ist dann mit wasserfesten Filzstiften möglich. Mit Spiritus kann man diese wieder wegwischen.

Man kann die Karten auch mit "**Karten Dry**" übermalen, einer Chemikalie, die extra für diesen Zweck entwickelt wurde. Die Karten werden dadurch wasserabweisend, nicht wasserfest. Man kann mit Kugelschreiber oder Bleistift darauf schreiben.

REISE HANDBÜCHER
HANS PETER RICHTER
ISLAND Handbuch
REISE HANDBUCH
ANDREAS UMBREIT
SPITZBERGEN Handbuch
REISE HANDBUCH
Der Norden dreht auf.
BOHN/GEHRKE
SÜDSCHWEDEN auf eigene Faust
(mit Öland)
REISE HANDBUCH
GOTLAND
REISE HANDBUCH
JÜRGEN ELVERT
IRLAND auf eigene Faust
REISE HANDBUCH
MICHAEL TEGETHOF
FINNLAND auf eigene Faust
mit Åland-Inseln
REISE HANDBUCH
ISLANDS GEOLOGIE
REISE HANDBUCH
Conrad Stein Verlag
Andreas-Gayk-Str. 7-11, 2300 Kiel 1
Tel. 0431/9 33 77

Anatomie des Kompasses

Geschichte[1]

Man ist nicht sicher, wann und wo Kompasse zuerst benutzt wurden. Es scheint, daß die Chinesen als erste den Magnetismus der Magnetsteine und deren wunderbare Kraft entdeckten. Der erste funktionierende Kompaß bestand aus einem Stück Magnetstein, das auf einem Korken in Wasser schwamm. In chinesischen Büchern aus dem 11. und 12. Jahrhundert findet man Abbildungen von primitiven Kompassen, die wie Fische oder Schildkröten geformt waren.

Bereits ein Jahrhundert vor der Erwähnung in europäischen Texten, nämlich 1088, verfaßte der Chinese Shen Kua eine genaue Funktionsbeschreibung eines Kompasses. Von da an wurden Kompasse in der chinesischen Literatur häufig erwähnt, oft im Zusammenhang mit Seefahrergeschichten über deren Gebrauch "bei dunklem Wetter und verhangenem Himmel". Andere Hinweise deuten auf die Nutzung des Kompasses durch arabische Kaufleute um 1200 und, ein halbes Jahrhundert später, durch die Wikinger. Unklar ist bis heute, ob der Magnetismus und seine Bedeutung für die Navigation unabhängig voneinander in Asien und Europa entdeckt wurde oder ob die Kenntnis von Reisenden aus China mitgebracht wurde.

Einige Zeit waren die Chinesen führend auf der Welt in der Herstellung von Kompassen, weil der dafür notwendige gehärtete Stahl nirgendwo anders verfügbar war. Zwischen 1400 und 1500 holten die Europäer auf, und seitdem wurden Seekompasse überall benutzt. Bis zur Entwicklung tragbarer Marschkompasse verging noch viel Zeit. Mitte des 18. Jh. begannen dann die Entwicklung aufwendiger Peilinstrumente und die Verfeinerung des "Uhren- oder Kastenkompasses", der bis heute, mit wenigen Verbesserungen, benutzt wird.

Bei den Feldkompassen gab es in unserem Jahrhundert einschneidende Verbesserungen, wie den Bezard Kompaß von 1902 und den Schwimmkompaß der britischen Armee im Ersten Weltkrieg. Aber erst in den 30er Jahren begann die wirkliche Bewegung. Zuerst kam die Entwicklung eines preisgünstigen, mit Flüssigkeiten gefüllten Orientierungskompasses und die Gründung der Silva Company, dann die Weiterentwicklung eines Flachkompasses durch integrierten Winkelmesser und aufwendige Sichtinstrumente. Die Entwicklung ist noch längst nicht abgeschlossen: Die besten Kompasse sind technisch genial in ihrer Einfachheit und Präzision.

---

[1] Ich danke Bjorn Kjellstrom, Erfinder des Silva Kompasses, für das geschichtliche Material.

Noch vor einem halben Jahrhundert war Orientierung eine heikle Sache. Karten der unberührten Gebiete waren oft ungenau, Kompasse waren schwer, umständlich, nicht wasserdicht und boten keine Möglichkeit, die Peilung auf die Karte zu übertragen.

Das ist jetzt alles anders. In guten modernen Orientierungskompassen ist ein komplettes Navigationssystem integriert. Winkelmesser und Bleistift kann man beruhigt vergessen, auch das Einnorden der Karte, um die Peilung abzunehmen. Man sollte sich nicht von dem Plastik-Spielzeug-Aussehen dieser kleinen Instrumente täuschen lassen. Fast alle kleinen günstigen (zwischen DM 20 und DM 40) Kompasse können Peilungen mit weniger als 2° Abweichung zur optischen Vermessung liefern - mit der Hand gehalten. Selbst die ganz billigen Dinger sind auf mindestens 4 Grad genau.

Der Orientierungskompaß (OL-Kompaß)

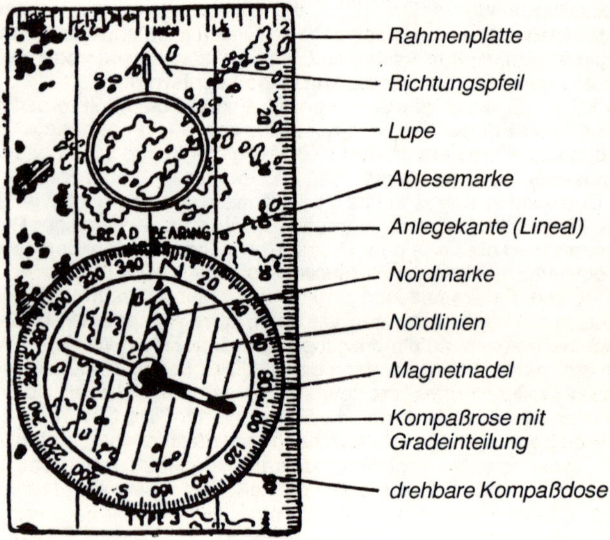

Abb. 11 - Orientierungskompaß

Präzision ist nur die eine Seite der Sache. Die andere besteht darin, die Peilung einer Größe zuzuordnen. Dazu benötigt man einen Winkelmesser und eine Karte.

Und nun kommt der Orientierungskompaß ins Spiel: 1933 trug der Feinmechaniker Gunnar Tillander einen einzigartigen Plan an Bjorn Kjellstrom und dessen Brüder Arlar und Arvid heran: Warum sollte man nicht einen Winkelmesser in einen Standardkompaß integrieren? Damit war, praktisch über Nacht, der Orientierungskompaß geboren. Einzigartig ist er aus folgenden Gründen:

- ► Man kann die Peilung ohne Hilfe eines Winkelmessers von der Karte ablesen, ohne diese zuvor einnorden zu müssen. Man kann also seinen Standort jederzeit auch in einem schaukelnden Kanu oder, ohne anzuhalten, beim Wandern bestimmen, sogar mit Handschuhen an den Händen.
- ► Der Kurswinkel (Zielrichtung) wird auf der Rose fixiert. Man muß sich also nichts merken oder aufschreiben, eigentlich muß man die Gradzahl nicht einmal ablesen.
- ► OL-Kompasse haben Lineale oder Skalen am Rand der Rahmenplatte, mit deren Hilfe man Entfernungen auf der Karte ablesen kann.
- ► OL-Kompasse haben flüssigkeitsgedämpfte Nadeln, d.h., die Oszillation der Nadel endet nach maximal 3 bis 5 Sekunden bis zu einer Arbeitstemperatur von -40°.
- ► Das ganze Gerät ist kinderleicht zu bedienen.

Notwendige Präzision

Vermesser und Forstleute benötigen natürlich Peilungen auf den Bruchteil eines Gradstriches genau. Doch selbst für Exkursionen in die Wildnis kommt man mit einer Präzision von ±4° aus. Man muß gar keine Genauigkeit auf 30 Bogenminuten haben. Vielmehr benötigt man eine gute Karte und einen vielseitig einsetzbaren Kompaß.

Man muß bedenken, daß ein Grad Kompaßfehler eine Differenz von 17,5 m/km ergibt (tan. 1° x 1.000). Ein Fehler von 4° auf 1 km läßt den Wanderer das Ziel um ganze 70 m verfehlen - kaum der Rede wert. Darum weichen erfahrene Wanderer von vornherein etwas nach rechts oder links von ihrer Route ab (anstatt ihr Ziel auch nur um 70 m zu verfehlen) und "hangeln" sich dann an irgendeiner Hilfslinie, z.B. Straße, Weg, Ufer, Überlandleitung, entlang, bis sie auf ihr Ziel treffen. In ☞ Abb. 17 ist dieses Vorgehen beschrieben.

Dieses "Abweichen" von der eigentlichen Route ist besonders wichtig, wenn man bedenkt, daß viele von Menschen geschaffene Konstruktionen, Gebäude oder Wege, auf Karten nicht richtig eingezeichnet sind. Unter derartigen Bedingungen ist ein gesunder Menschenverstand mehr wert als eine noch so präzise Kompaßanzeige. Was man von einem guten Kompaß wirklich erwarten muß, ist folgendes:

- **Vielseitigkeit** bei der Übertragung der Peilung von der Karte auf das Gelände.
- **Bedienungsfreundlichkeit**: Zu beachten, wenn man z.B. eine Peilung vom Sitz eines schlingernden Bootes aus nehmen muß.
- **Tragbarkeit**: Man stelle sich den Kompaß als Kleidungsstück vor, das man immer trägt. Je kleiner und leichter das Instrument, umso angenehmer wird es zu tragen sein. Auf keinen Fall sollte man sich mit einem Kompaß mit scharfen Kanten oder spitzen Ecken einlassen. Scharfe Kanten mögen beim Anlegen auf der Karte ja sehr schön sein, aber sie zerschleißen jeden Kleidungsstoff binnen Minuten.
- **Haltbarkeit**: Mir ist einmal ein Jeep über einen alten Silva Ranger Kompaß gefahren. Der Deckel war zwar eingedrückt, aber der Kompaß funktionierte noch bestens. Ein Kompaß muß einen Sturz genauso wie eine gründliche Dusche überstehen.
- **Andere Vorzüge**: Paßt die Einteilung des Lineals zu der Karte? Hat der Kompaß eine Vorrichtung für die Kompensation der ☞ Mißweisung? Nachtsicht durch Leuchtstoff oder Lithium ist ganz wichtig, wenn man in der Dunkelheit unterwegs ist.

Visier

Manche Kompasse sind mit Visieren ausgerüstet, was Vor- und Nachteile hat. Optische (Linse oder Prisma) Visiere sind sehr präzise und liefern bei Qualitätskompassen Resultate, die denen hochwertiger Vermessungsinstrumente vergleichbar sind.

Wenn man durch das **optische Visier** schaut, sieht man sowohl das angepeilte Objekt wie auch die Rosenskala und den Steuerstrich in einer Flucht. Bei einem guten Kompaß erhält man so eine auf den Bruchteil eines Grades genaue Peilung.

Linsenvisiere, wie bei alten Militärkompassen, sind je nach Verarbeitungsqualität gut oder schlecht zu benutzen.

Abzuraten ist hier auf jeden Fall von den billigen Nachbauten der Militärkompasse.

Kombinierte Spiegel-Visiere: Sie haben einen hochklappbaren Spiegel mit einer eingezeichneten Linie. Man stellt den Spiegel im 60° Winkel an (so daß man die Nadelausrichtung in der Dose sehen kann) und dreht sich (nicht nur den Kompaß), bis die Nadel sich mit der Nordmarke auf der Rose deckt, dann peilt man das Objekt über die Kimme auf dem Deckel an.

Dies klingt genau, und das kann es auch sein - vorausgesetzt, man arbeitet sehr genau. Tatsächlich bekommt man ein ebenso gutes Ergebnis, wenn man das Instrument in Hüfthöhe vor den Körper hält und genau nach vorn schaut. Die Genauigkeit beruht in erster Linie auf der exakten Spiegelstellung und der Fähigkeit, alles ganz still zu halten, während man die Peilung nimmt.

Das Problem aller nicht-optischen Visiere ist die extrem kurze Richtebene, ungefähr so, als versuchte man mit einem Gewehr, das nur einen 5 cm langen Lauf hat, genau zu schießen. Wie gesagt, beruht die Genauigkeit aller Systeme auf der Qualität und präzisen Verarbeitung des Instruments. Leider werden Sie bei fast allen an Scharnieren befestigten Peileinrichtungen das Problem bemerken, daß sie ausleiern. Daher ist die Methode des "hüfthohen Anvisierens" (☞ "Grundlagen der Orientierung") empfehlenswert.

Mißweisung

Einige Kompasse verfügen über eine mechanische Kompensation der magnetischen Mißweisung. Diese ziemlich wichtige Zusatzeinrichtung ist nicht teuer, aber nur sinnvoll, wenn man in einer Gegend lebt oder reist, wo die magnetische Mißweisung nennenswert ist. Für weitere Details ☞ Grundlagen der Orientierung.

Inklination

Die Erde ist ein gigantischer Magnet, und je näher man den Polen kommt, umso größer wird die magnetische Kraft.

Daher senkt sich die Kompaßnadel nach Norden ein wenig, wenn man sich auf der nördlichen Halbkugel befindet, auf der südlichen hebt sich die Nordspitze der Nadel. Es ist daher notwendig, die Kompaßnadel entsprechend dem Einsatzgebiet zu justieren, damit sie sich frei bewegen kann.

Professionelle Vermessungsinstrumente haben ein bewegliches Kontergewicht am Nadelende, mit dessen Hilfe man dieses Justieren vornehmen kann. Die meisten Kompasse werden bereits entsprechend ihrem Einsatzgebiet in der Fabrik justiert. Ein in Deutschland gefertigter Kompaß funktioniert also in Europa gut, während er in Ecuador vielleicht ungenau ist. Gute Kompaßhersteller fertigen spezielle Kompasse für bestimmte Einsatzgebiete auf Wunsch.

Gradeinteilung der Rose

Bei guten Kompassen sind die Rosen in Einer- oder Zweierschritten unterteilt, kleinere Unterteilungen würden nur das Ablesen erschweren. Viele gute Instrumente haben eine 5-Grad-Einteilung (besonders bei kleinen Rosen), was auch für einen OL-Kompaß ausreichend ist.

Als Regel gilt, daß man eine Peilung interpolieren kann, indem man die Entfernung zwischen der Graduierung beiderseits der Anzeige zweimal teilt. So kann man bis auf einen halben Grad genau die Peilung bei einer Rose mit 2-Grad-Einteilung errechnen, bei einer 5-Grad-Einteilung bis auf 1 1/4 Grad usw. Wenn man also sehr genaue Peilung benötigt, muß man eine feinere Rosenteilung wählen.

Bedenken Sie, daß genaue Peilung nur in Verbindung mit einer optischen Visiereinrichtung sinnvoll ist. Bei einem OL-Kompaß z.B. ist sie nicht von großem Nutzen, denn der OL-Kompaß wird fast nie "abgelesen", vielmehr wird die Nadel auf die Nordmarke ausgerichtet, und man folgt dem Richtungspfeil auf der Rahmenplatte, der die Marschrichtung angibt. Man muß also keine Zahlen lesen - eigentlich brauchten OL-Kompasse keine Gradeinteilung.

Preis eines Kompasses

Ein guter Kompaß, der für jede Exkursion geeignet ist, kostet ab ca. DM 40. Teurere Instrumente sind nicht zwangsläufig akkurater oder vielseitiger. Zusatzeinrichtungen wie Kompensation, Nachtsicht und Visier sind nicht immer sinnvoll. Die preiswerten Modelle reichen für die Navigation, wie sie in unseren Breiten möglich ist, aus.

Methode genauer Peilung mit Hilfe eines OL-Kompasses

Und so bekommt man die genaue Peilung eines entfernten Objekts mit Hilfe eines OL-Kompasses: Man nehme den Kompaß in die flache rechte Hand und drehe die Kompaßdose mit Daumen und Zeigefinger der linken (Abb. 12). Unterarme leicht gegen den Körper stabilisieren. Die Arme formen ein Dreieck, an dessen Spitze der Kompaß ist. Er befindet sich genau in der Mitte ca. 15 cm vor dem Körper, direkt oberhalb der Hüfte.

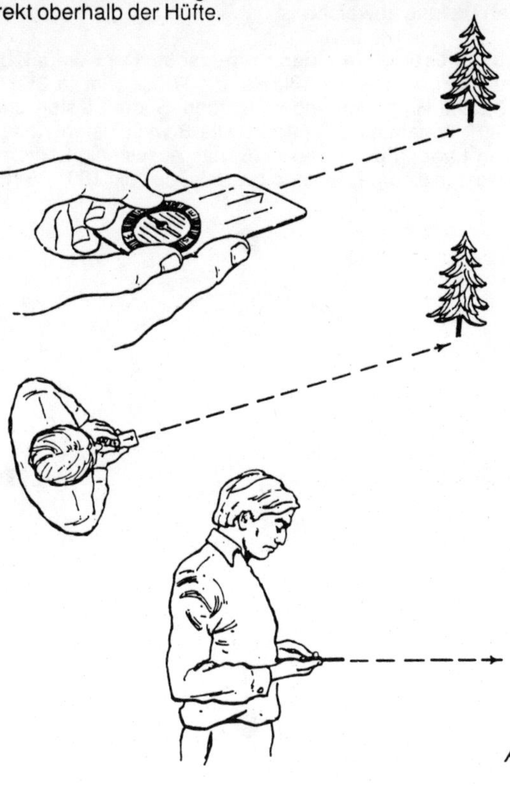

Abb. 12

Jetzt dreht man sich (nicht den Kompaß), bis der Pfeil auf der Rahmenplatte, der die Marschrichtung angibt, auf das angepeilte Objekt zeigt. Nun hält man die Rahmenplatte fest und dreht die Kompaßdose, bis die Nadel genau in der Nordmarke ruht. Aus dieser Stellung blickt man dreimal zu dem angepeilten Objekt, das heißt, man visiert dreimal über das Kompaßhaus zum Objekt, ohne dabei den Kopf zu bewegen. Wenn alles in einer Flucht ist, d.h. die Nadel auf der Nordmarke und der Marschrichtungspfeil und das Objekt, dann liest man die Peilung ab. Diese Peilung sollte nicht mehr als 2° von einer optischen Peilung abweichen.

Noch einige Grundlagen des Kompasses: Der Kompaß besitzt eine Gradeinteilung. Der Kompaßkreis, die "Rose", ist in 360° unterteilt (Abb. 13). Die Hauptrichtungen, Norden, Süden, Osten und Westen, sind je 90° voneinander entfernt. Die 8 wichtigsten Kompaßpunkte und deren Lage in der Karte muß man auswendig kennen. Das hilft den häufigsten Kompaßfehler zu vermeiden - die 180°-Verdrehung.

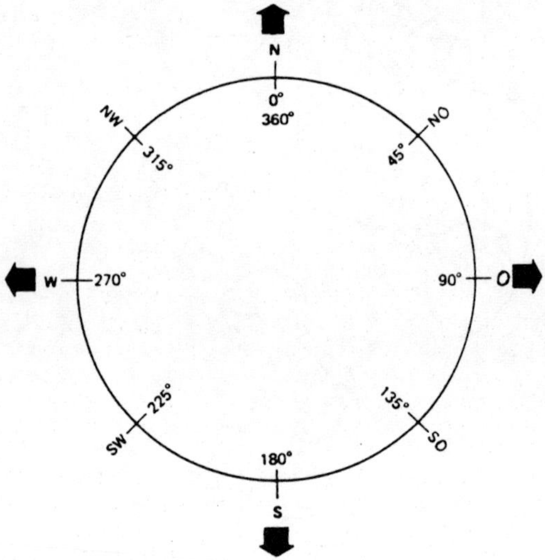

Abb. 13 - Die Kompaßrose

Nehmen wir an, Sie angeln auf dem Lost Lake (Abb. 14) und haben an der Halbinsel am Punkt "E" angelegt. Jetzt wollen Sie nach Mud Island, 1 ½ Meilen östlich. Versehentlich errechnen Sie mit dem OL-Kompaß eine Peilung von 270°, also um 180° verdreht. Wenn Sie vorher im Geiste die Kompaßrose auf die Karte und in den Punkt "E" projiziert hätten, hätten Sie den Fehler sofort bemerkt.

Es passiert häufig, daß man beim Übertragen von Peilungen und Daten vom Kompaß auf die Karte Fehler macht. Darum sollte man immer eine ungefähre Vorstellung der Richtungen haben, bevor man darangeht, die exakte Peilung zu nehmen.

Kartenpeilung mit Hilfe des Kompasses

Eine Peilung ist eine Zahl von 1-360 auf der Kompaßrose. Die Aufteilung erfolgt im Uhrzeigersinn, beginnend mit Nord (rechtweisend, mißweisend oder Gitternord), d.h. man errechnet den Winkel zwischen dem angepeilten Ziel und Nord. Im Augenblick wollen wir die Unterschiede zwischen den drei Norden außer acht lassen und unsere Peilung immer nach rechtweisend Nord nehmen - bei der Karte in Abb. 14 oben.

Sie wollen jetzt an der Südspitze von Long Island im Lost Lake angeln. Es sollte ganz leicht sein, von Ihrem Standpunkt "A" dorthin zu gelangen - einfach Richtung Norden am Ostufer hinauf und unterwegs die Buchten zählen, die man passiert. In Sichtweite von Mud Island drehen Sie dann um die Nordspitze nach links ab und landen direkt in den besagten Fischgründen. Superleicht.

Glauben Sie das ja nicht! Sehen Sie sich den Kartenmaßstab einmal genau an. Bis zur Insel sind es mindestens 12 Meilen. Selbst an klaren Tagen werden Sie unterwegs nicht jede Insel oder Bucht erkennen. Manchmal kann man Inseln gar nicht von der Küstenlinie unterscheiden. Durch Wind und Wellen verliert man das Gefühl für die zurückgelegte Entfernung. Vielleicht verwechseln Sie irgendeine der Inseln unterwegs mit Mud Island oder haben sich irgendwann ganz gedreht und halten die Durchfahrt zwischen zwei Inseln für eine Bucht oder umgekehrt.

Allerdings ist es wirklich einfach, nach Long Island zu kommen, wenn man einen systematischen Plan und einen Kompaß hat. Es ist wichtig, immer genau zu wissen, wo man ist, was ganz leicht ist, wenn man an festen Punkten unterwegs die Peilung nimmt und mit der Kursrichtung vergleicht.

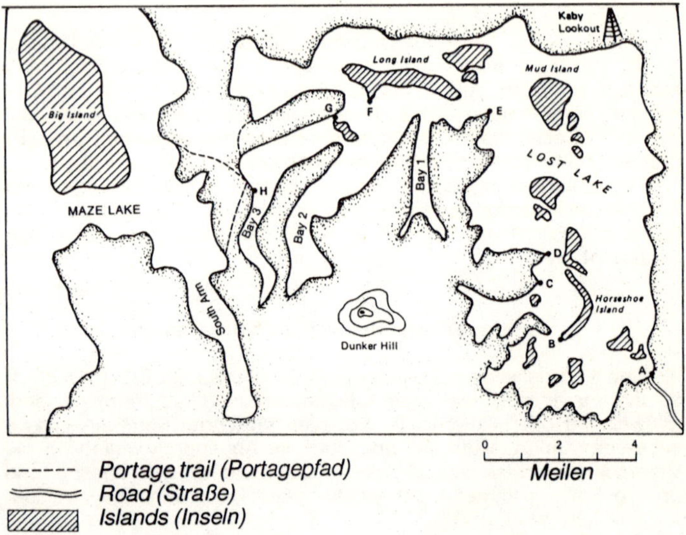

Abb. 14 - Lost Lake Übungskarte

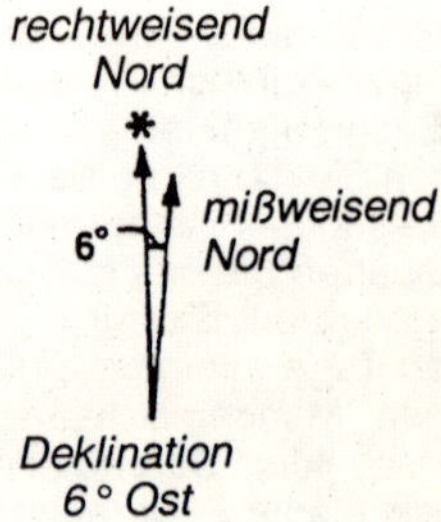

Und so wird's gemacht: Zunächst wählt man sich einen Referenzpunkt (Hilfsziel) auf der Karte. Wählen Sie einen Punkt, der nicht zu weit entfernt und gut zu identifizieren ist - eine kleine Insel, eine Landzunge oder eine deutliche Bucht.

Man muß diesen Punkt nicht unbedingt vom Standpunkt aus sehen können. Sie nehmen sich also als ersten Referenzpunkt die Südspitze des Horseshoe Island, 2 3/4 Meilen entfernt. Dann schätzen Sie ganz grob die Richtung von A nach B. Sie fahren also nordwestlich, ca. 315°. Diese Zahl müssen Sie sich merken. Jetzt nehmen Sie den tatsächlichen Kompaßkurs von A nach B mit dem OL-Kompaß oder einem Winkelmesser.

Winkelmeß-Methode

- Ziehen Sie eine Linie von A nach B!
- Den Winkelmesser über Punkt A ansetzen und auf rechtweisend Nord ausrichten (Abb. 15)! Rechtweisend Nord ist bei dieser Karte genau oben, wie man aus dem Deklinations-Diagramm (Abb. 20: Schenkel mit ★ = rechtweisend Nord) am unteren linken Kartenrand ersehen kann (mehr darüber später).

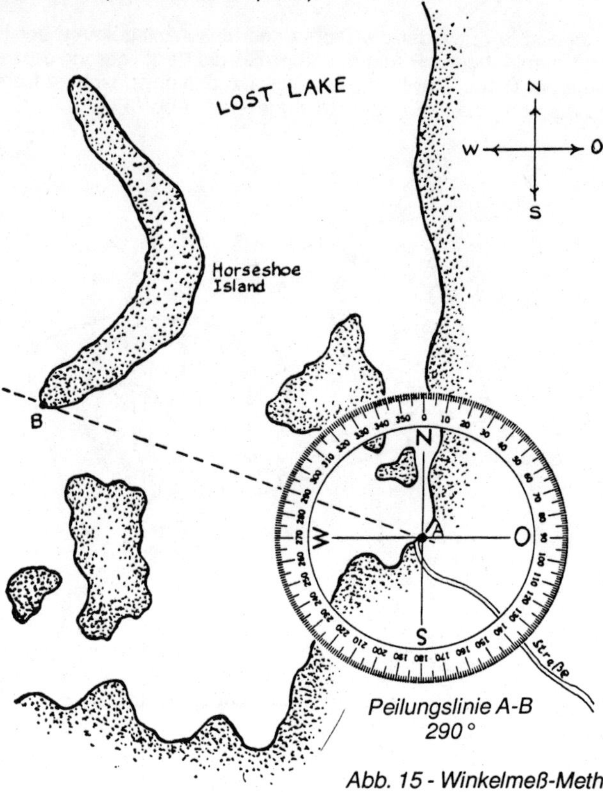

Abb. 15 - Winkelmeß-Methode

► Lesen Sie den Winkelmesser dort ab, wo er die eingezeichnete Linie kreuzt. Bei unserer Peilung sind das 290°.
► Vergleichen Sie das Ergebnis mit der vorherigen Schätzung von 315°. Liegen die beiden Werte weniger als 90° auseinander, dann hat sich kein Fehler eingeschlichen, Sie fahren in die richtige Richtung.

Bestimmung des Kurses mit einem OL-Kompaß

► Legen Sie entweder die rechte oder linke Anlegekante der Kompaßrahmenplatte auf Punkt A, richten Sie die Verlängerung derselben Kante über B aus. Der Kompaß zeigt jetzt den gewünschten Kurs an, und zwar von A nach B und nicht umgekehrt (Abb. 16).

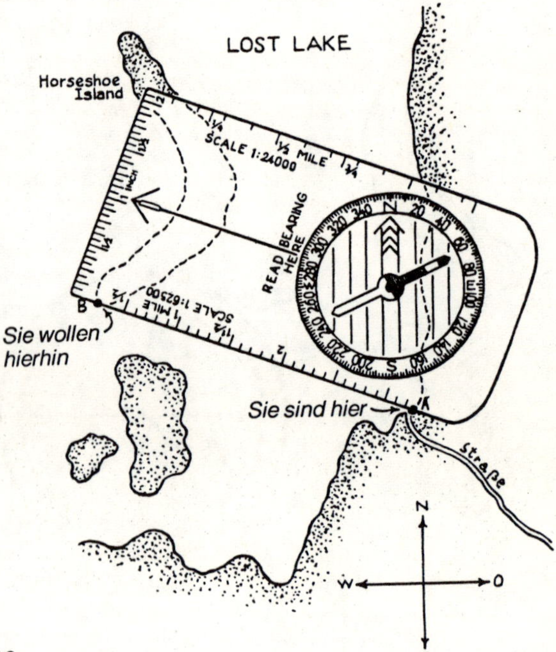

Abb. 16

► Halten Sie den Kompaßrahmen gut auf der Karte fest und drehen Sie die Kompaßdose, bis die Nordmarke auf rechtweisend Nord der Karte zeigt. Achtung: Nicht die Magnetnadelanzeige benutzen! Der Kurs, 290°, ist jetzt fixiert und kann an der Marke auf der Rahmenplatte abgelesen werden.
► Sodann halten Sie den Kompaß vor den Körper, den Richtungspfeil von Ihnen weg weisend, und drehen sich so lange, bis die Nordspitze der Magnetnadel sich mit der Nordmarke deckt. Sehen Sie geradeaus. Sie blicken in Richtung 290° - nach Horseshoe Island.
► Nun müssen Sie sich nur noch einen markanten Geländepunkt in dieser Richtung suchen, den Sie jederzeit ausmachen können und auf den Sie zuhalten werden. Der Kompaß kann jetzt eingepackt werden, und Sie können den Außenborder anwerfen und auf Ihr Ziel lossteuern.

tip Diese Methode gleicht im Prinzip der der Peilung aus Hüfthöhe (vorher beschrieben), nur daß man hierbei, anstatt ein entferntes Objekt anzupeilen, einen Punkt auf der Karte anpeilt.

Jetzt ist es Zeit für einen kleinen **Test**. Errechnen Sie mit Hilfe des Kompasses oder Winkelmessers die rechtweisende Peilung der Punkte A bis G auf der Karte vom Lost Lake (Abb. 14). Unten können Sie die Ergebnisse vergleichen. Machen Sie sich noch nicht an die Errechnung von Entfernung, Reisezeit oder mißweisend Nord, dazu kommen wir später.

Ergebnisse des Lost-Lake-Tests:

Punkt	rechtw. Peilung	Entfernung (Mi.)	Reisedauer (Std.)	mißweisend (Kompaßeinstellung)
A › B	290°	2 3/4	1:30	284°
B › C	341°	1 1/2	0:45	335°
C › D	15°	4/5	0:20	9°
D › E	338°	4	2:00	332°
E › F	274°	3 1/4	1:30	268°
F › G	244°	1 1/8	0:30	238°
G › H	227°	2 1/2	1:15-1:30	221°

H bis Portage (nördlich am Ufer entlang bis zur Umtrage paddeln): ca. 15 Minuten.

Versetzen

Sich von einem Referenzpunkt zum nächsten zu "hangeln", ist an Land wie auf dem Wasser sinnvoll, es sei denn, man muß unterwegs Hindernisse umfahren (umgehen). Man muß nach jedem Ausweichen oder "Umfahren" eines solchen Hindernisses die Peilung neu bestimmen. Das ist zwar möglich, aber sehr umständlich und wird oft dazu führen, daß man sein Ziel nicht ganz genau trifft. Darum wird die genaue Kompaßpeilung durch ein "Versetzen" modifiziert und damit das Ziel sicher getroffen.

Wir stellen uns folgende Situation vor: Sie haben Ihr Auto an Punkt A geparkt (Abb. 17) und sind zum McClaren Lake (Punkt B) gewandert. Für den Rückweg haben Sie die Wahl zwischen 3 Routen: 1) auf dem Pfad, den Sie gekommen sind, nach A zurück - ein ziemlich langer, kurviger Weg, der den Vorteil hat, daß Sie ihn kennen. 2) Sie gehen den Weg bis zum Goldbar Lake (C) weiter und folgen dem Bach, bis Sie zur Straße (D) gelangen. Von dort stoßen Sie nach 2 ½ km gen Osten wieder auf Ihren Wagen.

Aber, Moment mal. Sehen Sie sich die Topographie zwischen C und D einmal genauer an. Auf der Karte sind die Höhenlinien mit Ziffern versehen und markiert. Das Höhenlinienintervall, angegeben in der Kartenlegende, beträgt 50 Fuß. Wo die Höhenlinien den Bach kreuzen, sind sie mit kleinen Pfeilen markiert. Wie Sie sehen, fällt der Wasserlauf auf der 2 1/2-km-Distanz von Goldbar Lake zur Straße mit dem Auto um 300 Fuß (ca. 92 m) ab. Wahrscheinlich müssen Sie sich die ganze Zeit durch mannshohes Gestrüpp schlagen. Es wird also sicher sehr viel länger dauern und schwieriger sein, sich den steilen Abhang zwischen umgestürzten Bäumen und Erlengebüschen hindurch hinunterzukämpfen, als einfach den alten Weg zurückzugehen.

Es gibt aber noch eine dritte Möglichkeit - einen schnurgeraden Kompaßkurs von B nach A. Dabei gehen Sie querfeldein, und es wird sicher schwierig. Sie müssen die vielen kleinen Weiher umgehen und ein paar Bäche durchwaten - aber es wird sehr aufregend werden, und darum sind Sie ja hergekommen. Außerdem ist dieses Gebiet sehr abgelegen; aber wenn Sie den Kompaß richtig gebrauchen, können Sie sich nicht verlaufen.

Also los! So geht es: Wenn Sie eine direkte Peilung von B nach A nehmen, ist die Chance, daß Sie tatsächlich an der Straßenkreuzung ankommen, sehr gering. Sie müssen bedenken, daß Sie unterwegs hügelan und hügelab wandern, Weiher umgehen und dichtem Unterholz ausweichen.

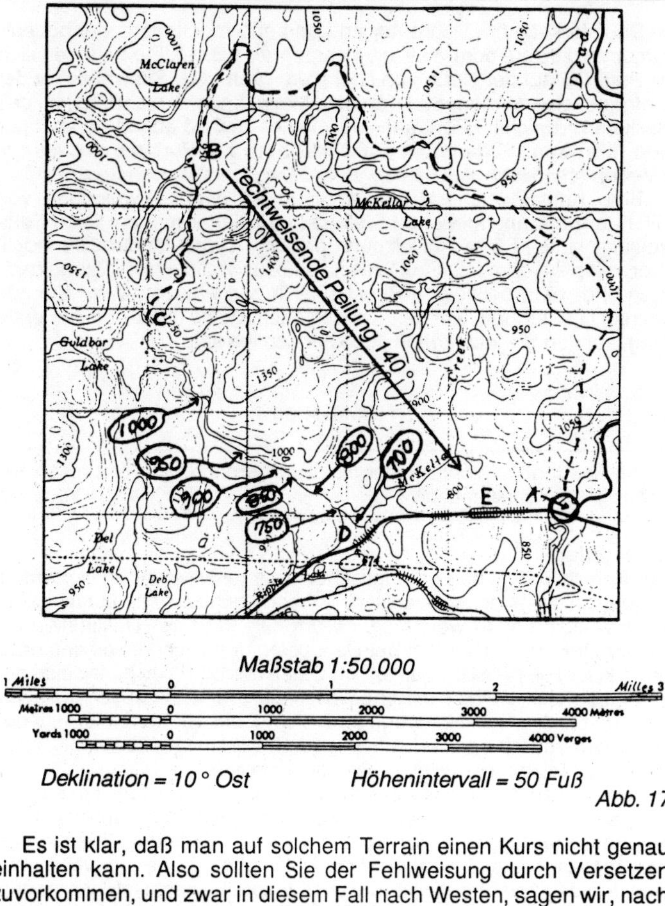

Maßstab 1:50.000

Deklination = 10° Ost *Höhenintervall = 50 Fuß*

Abb. 17

Es ist klar, daß man auf solchem Terrain einen Kurs nicht genau einhalten kann. Also sollten Sie der Fehlweisung durch Versetzen zuvorkommen, und zwar in diesem Fall nach Westen, sagen wir, nach Punkt E. Sicher werden Sie Punkt E nicht genau treffen, aber ganz sicher treffen Sie irgendwo östlich oder westlich davon auf die Straße. Sobald Sie an der Straße sind, brauchen Sie dieser nur noch nach Osten zum Ausgangspunkt zu folgen. Ganz einfach, nicht wahr?

Das Versetzen ist nicht nur an Land enorm hilfreich, viel bedeutsamer wird es auf dem Wasser. Nehmen wir z.B. an, Sie befinden sich an Punkt G auf der Karte von Lost Lake (Abb. 14). Sie wollen zu der Umtrage, die an den Südarm des Maze Lake führt, nördlich des Punktes H. Es gibt 3 Portagen, die von der Bucht 3 abgehen; aber nur eine führt zum Südarm. Vom Punkt G bis zur Portage sind es ca. 3 Meilen (ca. 5 km).

Eine Kursabweichung von 4° führt zu einer Abweichung von 350 m auf der angegebenen Distanz (zur Erinnerung: ein Grad Fehlweisung sind 17,5 m Abweichung pro km). Damit landen Sie möglicherweise auf dem falschen Weg. Die Lösung ist die Versetzung nach H, irgendeinem beliebigen Punkt südlich des Weges. Wenn Sie nun auf das Ufer stoßen, wenden Sie sich nach rechts (Norden). Der erste Weg, auf den Sie jetzt treffen, muß der richtige sein.

Mißweisung

"Mißweisung" ist nichts weiter als der Oberbegriff für "Nadelabweichung" und "Deklination".

Deklination

Der Kompaß zeigt den magnetischen oder mißweisenden Norden an (eigentlich zeigt er ihn nicht an, sondern richtet sich danach aus). Rechtweisend Nord weicht davon um den Wert der Deklination ab. Dieser Deklinationswert ist bei Benutzung des Kompasses immer zu berücksichtigen (Abb. 18 u. 19). Im Osten der USA beispielsweise gibt es entsprechend eine westliche Deklination, im Westen der USA eine östliche Deklination. Nur wenn man sich direkt auf der Linie befindet, die sowohl durch den wahren wie durch den magnetischen Nordpol geht (Agone), hat man eine Deklination von Null.

Wenn man sich hingegen westlich oder östlich dieser Linie befindet, zeigt der Kompaß eine Mißweisung, denn der wahre und der magnetische Nordpol liegen nicht in derselben Richtung. Wie man auf der Deklinationstafel sieht, wird die Deklination größer, je weiter man sich von der Agone entfernt. Darüber hinaus bewegt sich der magnetische Nordpol ständig, so daß die Deklination sich nicht nur von Ort zu Ort, sondern auch von Jahr zu Jahr ändert. Daher ist es für Kompaßhersteller natürlich unmöglich, diese Abweichungen einzuplanen.

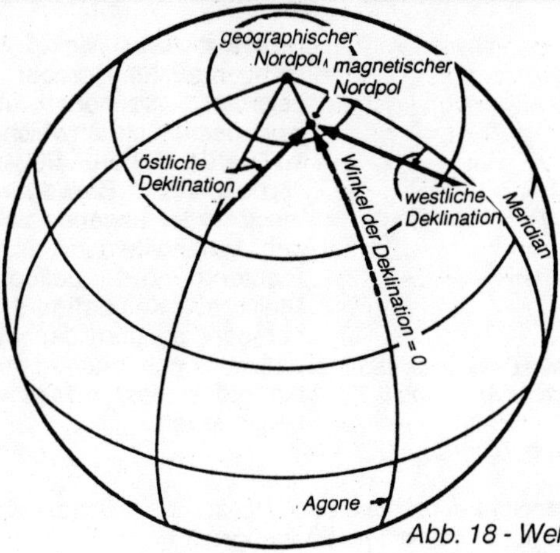

Abb. 18 - Welt-Deklinationskarte

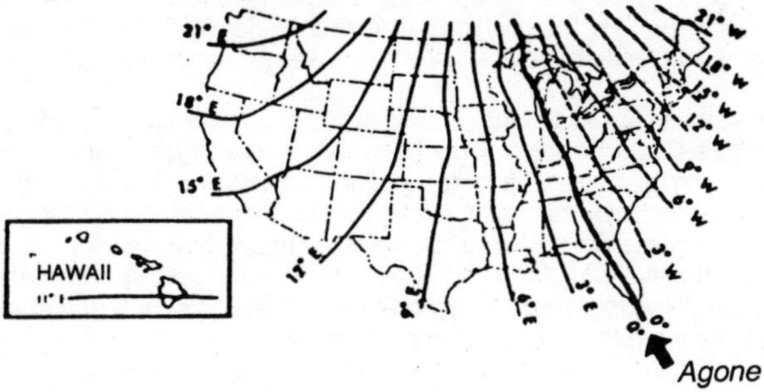

Abb. 19 - Standard Deklinationskarte am Beispiel der USA

Die genaue Deklination für jedes Gebiet kann man der entsprechenden topographischen Karte entnehmen.

In Mitteleuropa ist sie zur Zeit sehr gering, sie kann bei der Kompaßarbeit vernachlässigt werden. Gewöhnlich befindet sich ein Mißweisungsdiagramm am unteren Kartenrand. Es sieht ungefähr so aus, wie auf der nächsten Seite dargestellt.

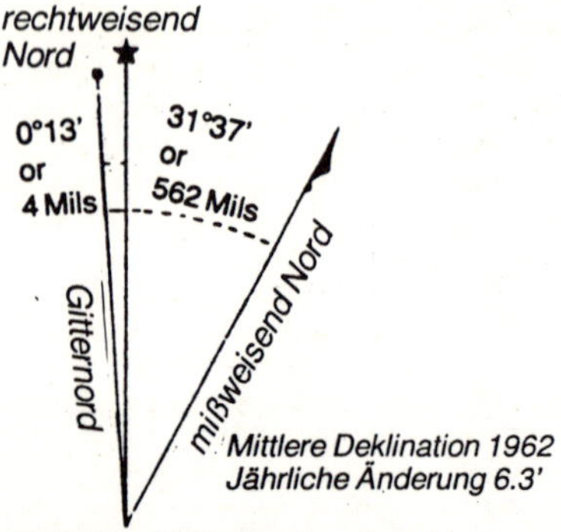

Abb. 20 - Mißweisungsdiagramm

Hinweis: Die Winkel sind nicht maßstabsgerecht gezeichnet, sondern überzeichnet, um die Abweichung zu verdeutlichen. Ein entsprechender Hinweis ist meist in der Legende zu finden. Man sollte daher nie die Richtung des geflaggten Pfeils als Kompaßnord annehmen, sondern den Kompaß lieber mathematisch einnorden, wie im folgenden beschrieben.

- Der Stern (★) bezeichnet rechtweisend Nord. Dieser Schenkel des Diagramms verläuft parallel zu einem Längengrad.
- Die Fahne (⚑) zeigt den magnetischen oder mißweisenden Norden an. Ist die Fahne rechts (östlich) vom rechtweisenden Norden, so ist die Ablenkung östlich. Ist sie links vom Stern, so ist die Deklination westlich.
- Der schwarze (●) Punkt (in anderen Karten als Kreuz , schwarz ausgefülltes Quadrat oder nur als Linie dargestellt) gibt die Richtung des Gitternord an. Zur Erinnerung: Topographische Karten sind mit einem Gitternetz überzogen. Die Gitterlinien weichen geringfügig von den Längengraden ab. Wenn man nämlich die äußere Schale des Globus entfernte und flach hinlegte, würden die gekrümmten Meridiane verzerrt. Auch diese Abweichung - sie nennt sich Meridiankonvergenz - ist im Mißweisungsdiagramm angegeben.

Interpretation des Diagramms

In der Abb. 20 ist die Meridiankonvergenz, d.h. der Winkel zwischen Gitternord und rechtweisend Nord, 13 Minuten westlich. (Die Angabe 4 Mils bezieht sich auf militärische Verwendung und kann außer acht gelassen werden. Militärische Kompasse der Nato haben eine Einteilung in Mils. Ein Kreis hat 6.400 mils, Norden ist 0 mils, Osten ist 1.600, Süden 3.200 mils etc. Mils können noch weiter in Zehntel und Hundertstel unterteilt werden. Minuten und Sekunden werden hierbei nicht benutzt.) Die Nadelabweichung (Winkel zwischen Gitternord und magnetisch Nord) beträgt 31 ° 37'.

Die Deklination, d.h. der Winkel zwischen magnetisch Nord und rechtweisend Nord, ist 31°24' Ost (31°37'-0°13'/Nadelabweichung minus Meridiankonvergenz). Die Kompaßnadel wird also um 31° (abgerundet) nach Osten abgelenkt. Im Folgenden wird der Gebrauch dieser wichtigen Werte erklärt.

Umgang mit der Mißweisung
Sehen Sie sich die Deklination auf der Karte des Lost Lake an (Abb. 14). Sie beträgt ungefähr 6° Ost. Auf ein Gitternord wollen wir in diesem Beispiel verzichten. Demnach waren also alle Peilungen aus der Übung der Bestimmung der Punkte A bis G rechtweisende Peilungen. Jetzt müssen Sie diese rechtweisenden Peilungen in magnetische Peilungen umwandeln, nach denen der Kompaß ausgerichtet ist und denen gefolgt werden muß. Das ist nicht schwierig, wenn man sich die Regel merkt: Ostablenkung - Kompaß kleiner (also: Ostmißweisung von der Kartenpeilung abziehen), Westablenkung - Kompaß größer (also: Westmißweisung zur Kartenpeilung addieren).

Die wahre oder rechtweisende Peilung von Punkt A nach B auf der Lost-Lake-Karte war 290°. Mit Hilfe der o.a. Regel können Sie daraus jetzt die magnetische oder mißweisende Peilung errechnen, also 6° abziehen = 284°. Den Kompaß nun auf diese neue Richtung einstellen, und los geht's. Damit sollten Sie Punkt B genau treffen. Andersherum, wäre die Ablenkung westlich gewesen, hätten Sie 6° hinzuzählen müssen, also 296°.

Hinweis: Es ist egal, in welcher Richtung auf der Karte Sie marschieren, Nord, Süd, Ost oder West oder irgendwo dazwischen; wenn die Ablenkung östlich ist, muß dieser Wert immer von der Kartenpeilung abgezogen werden, ist die Ablenkung westlich, muß der Wert addiert werden. Wenn Ihnen das zu unübersichtlich ist, sollten Sie einen Kompaß kaufen, auf dem sich die Mißweisung einstellen läßt.

Also, machen wir mal wieder einen kleinen **Test**. Wandeln Sie alle rechtweisenden Peilungen in mißweisende um (Lost Lake). Ergebnisse stehen auf Seite

Nadelabweichung

Die Gitterlinien vereinfachen das Ausrichten des Winkelmessers oder Kompasses auf Kartennord. Bedenken Sie aber, daß die Gitterlinien nicht rechtweisend Nord angeben! Diese Fehlweisung müssen

Sie also berücksichtigen. Eine Kartenpeilung, die mit Hilfe des Gitternord errechnet wird, ist eine Gitterpeilung. Bevor man dieser Peilung tatsächlich folgen kann, muß man sie in eine magnetische umwandeln. Auch hier gilt die o.a. Regel: östlich kleiner, westlich größer.

Die Nadelabweichung in Abb. 20 ist 31°37' östlich oder 32° gerundet. Ziehen Sie nun 32° von der Gitterpeilung ab und stellen Sie diesen Wert auf dem Kompaß ein. Das ist schon alles. Das Vorgehen ist das gleiche wie beim Umwandeln des rechtweisenden in den mißweisenden Kurs.

Aber eigentlich ist dies alles Haarspalterei, denn die Meridiankonvergenz ist so klein (13'), daß man sie getrost vernachlässigen kann. Die Meridiankonvergenz ist abhängig von der geographischen Breite. Am Äquator ist sie 0°. Bei 80° Nord oder Süd liegt der Wert bei etwa 3°.

Einstellen der Mißweisung auf dem Kompaß

Wenn Sie sich mit der Mechanik und Mathematik der Mißweisung nicht weiter belasten möchten, können Sie Ihrem Kompaß die Kompensation eingeben, und zwar wie folgt:

Angenommen, Sie haben eine Kartenpeilung von 60° zum Zielpunkt, die Mißweisung beträgt 10° Ost.

Sie nehmen also einen schmalen Klebestreifen und kleben ihn über die Kompaßdose, so daß er durch den Mittelpunkt (Nadelaufhängung), die 10°- und die 190°-Marke geht. Ihr Kompaß ist jetzt so präpariert, daß er 10° Ostablenkung kompensiert. Halten Sie nun den Kompaß vor sich und suchen Sie die entsprechende Peilung, wobei Sie jetzt die Nadel nicht wie üblich auf die Nordmarke, sondern auf den Klebestreifen ausrichten. Der Strich ist 10° östlich des eingezeichneten Nord. Sie sehen also tatsächlich Richtung 50° (60°-10°).

Wenn, andersherum, die Ablenkung 10° westlich wäre, würden Sie den Streifen so anbringen, daß er durch die 350°- und 170°-Marke verliefe.

Wie Sie sich sicher schon denken können, werden die mechanischen Kompensationseinstellungen an hochwertigen Kompassen nach eben dieser Methode vorgenommen.

Mißweisungskompensation auf der Karte

Sie können die Ablenkungskompensation auch auf der Karte vornehmen, indem Sie sich Linien, die parallel zum magnetischen Nordpol verlaufen, einzeichnen. Wenn Sie dann eine Kartenpeilung durchführen, können Sie die Markierung auf dem Kompaß einfach nach diesen Linien ausrichten und nicht nach einem "Kartennord" (z.B. Kartenrahmen).

Dies ist vor allem bei großen Kartenausschnitten ein mühseliges Unterfangen.

Am besten halten Sie sich an die normale Berechnung der Mißweisung.

Da sich die magnetischen Pole ständig bewegen, ändert sich ihr Standpunkt von Jahr zu Jahr (und von Minute zu Minute). Diese Bewegungen sind sehr gering und interessieren normalerweise nur Vermesser für sehr präzise Vermessungsaufgaben. Probleme kann es lediglich geben, wenn Sie mit einer sehr alten Karte arbeiten. Z.B. steht in der Legende auf der Abb. 20: mittlere Deviation 1962, jährlich abnehmend 6.3'.

Dies bedeutet, daß der magnetische Norden (mit der Fahne gekennzeichnet) sich westlich (also abnehmend) bewegt, und zwar um 6.3 Minuten pro Jahr. Diese Karte auf den Stand von 1992 zu bringen, ist kein Problem:

- ► Errechnen Sie den Zeitraum, also 1962-1992 = 30 Jahre.
- ► Multiplizieren Sie die jährliche Abnahme mit den Jahren (6,3' x 30 Jahre = 189 Minuten).
- ► Rechnen Sie Minuten in Grad um (189/60=3,15 oder 3° gerundet).
- ► Ziehen Sie diese Zahl von der für 1962 angegebenen Deklination von 31° ab (31° - 3° = 28°). Die Mißweisung für 1992 ist 28° Ost.

Hinweis: Die Nadelabweichung ändert sich natürlich um den gleichen Zahlenwert: also 32° - 3° = 29° Ost.

Kreuzpeilung

Angenommen, Sie befinden sich auf einem großen labyrinthartigen See und wissen nicht mehr, wo Sie sind, können aber noch zwei oder mehrere markante Stellen in der Ferne erkennen. Benutzen Sie nun Ihren OL-Kompaß und errechnen Sie Ihre Position durch Kreuzpeilung.

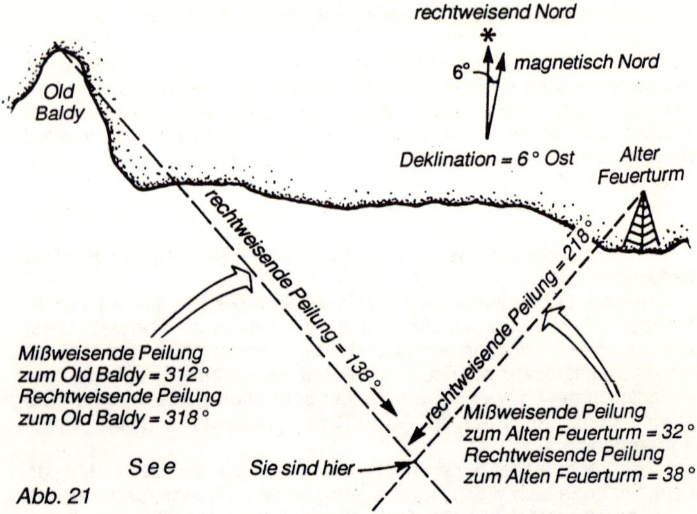

Abb. 21

Suchen Sie sich einen leicht identifizierbaren Punkt am Horizont, hier Old Baldy (Abb. 21), und nehmen Sie eine mißweisende Peilung (312°). Wandeln Sie die Peilung in eine rechtweisende (☞ Regel), also 312° + 6° = 318°. (Die östliche Mißweisung wird jetzt natürlich addiert, denn wir gehen nun von der magnetischen Peilung zur Kartenpeilung, also genau umgedreht.) Zeichnen Sie mit Hilfe des Kompaßlineals und eines spitzen Bleistifts die mit 180° subtrahierte Peilung durch Old Baldy ein, also 318° - 180° = 138°.

Hinweis: Bei einem OL-Kompaß müssen Sie die Peilungslinie nicht errechnen. Stellen Sie nur 318° auf dem Kompaß ein, setzen Sie die Bleistiftspitze fest auf Old Baldy und halten Sie den Kompaß mit einer Anlegekante dagegen. Drehen Sie jetzt den ganzen Kompaß um diesen Punkt, bis die Nordmarke (nicht die Nadel) mit dem Kartennord übereinstimmt. Vorsicht! Dabei nicht die Kompaßdose drehen, weil damit ja die 318°-Peilung von Old Baldy eingestellt ist. Wenn man die Kompaßeinstellung verändert, funktioniert dieses Verfahren nicht. Jetzt kann man am Kompaßlineal entlang die Peillinie ziehen.

Ebenso verfahren Sie mit einem zweiten Punkt, den Sie sich suchen (hier der Alte Feuerturm). Dort, wo die beiden Peilungslinien sich kreuzen, ist Ihr Standpunkt.

Wieder ein kleiner **Test**, wieder mit der Lost Lake Karte (Abb. 14). Sie können bei mißweisend 253° Dunker Hill und bei mißw. 4° Kaby Lookout ausmachen. Wo sind Sie? Hinweis: Denken Sie an die Mißweisung. Die Antworten finden Sie am Ende dieses Kapitels.

Kreuzpeilung ohne Karte

Um eine Kreuzpeilung zu nehmen, müssen Sie nicht unbedingt zwei Punkte auf der Karte identifizieren. Eigentlich benötigen Sie gar keine Karte. Nehmen wir an, Sie hätten irgendwo einen Superplatz zum Angeln entdeckt, wo die Fische wie verrückt anbeißen. Sie wollen unbedingt dort wieder hin. Leider gibt es nirgends gut erkennbare Orientierungspunkte, nach denen man sich richten könnte. Außerdem ist der Fischgrund offensichtlich nicht groß, vielleicht nur 10 m im Quadrat. Wie soll man den jemals wiederfinden?

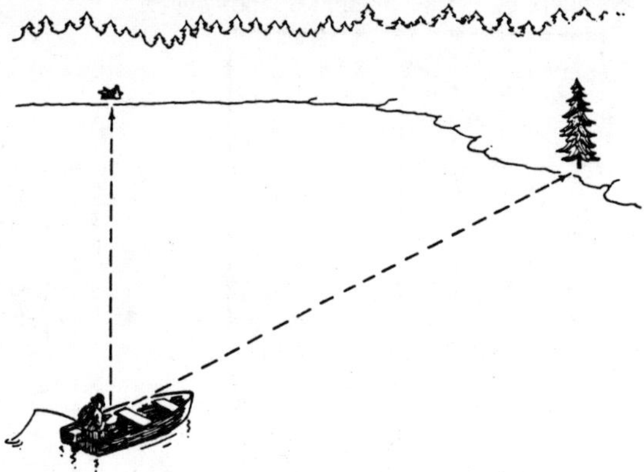

Abb. 22 - Wiederfinden eines Fischgrundes mit Hilfe der Kreuzpeilung

Ganz einfach. Nehmen Sie Peilungen von zwei oder mehr Stellen an Land. Die große Fichte rechts und die alte Hütte links eignen sich gut (Abb. 22). Aber es müssen keine besonderen Stellen sein, auch ein bemooster Felsen oder ein schiefer Baum reichen aus. Alles, was nicht wegläuft, ist geeignet. Da Sie keine Karte haben, brauchen Sie auch keine Peilungslinien. Stattdessen notieren Sie sich die Peilungen. Wenn Sie wiederkommen, suchen Sie sich wieder die Hütte und den Baum und finden Ihren Fischplatz dort, wo die Peilungen mit Ihren Notizen übereinstimmen.

Kreuzpeilung mit fester Standlinie
Sie entspricht der normalen Kreuzpeilung, aber man benötigt nur eine Peillinie. Wenn Sie z.B. an einer Eisenbahnstrecke wandern (Abb. 23) und Ihren Standort genau bestimmen möchten, können Sie das mit dieser Methode. In der Ferne erkennen Sie einen Hügel, der sich deutlich über die Landschaft erhebt. Sie nehmen die Peilung des Hügels, 156°. Wandeln Sie wieder, unter Anwendung der Regel, mißweisenden in rechtweisenden Kurs, also 156° + 10° = 166°. Errechnen Sie jetzt die Peilungslinie (166° + 180° = 346°) und zeichnen Sie diese auf der Karte ein. Dort, wo diese Linie die Eisenbahnlinie kreuzt, ist Ihr Standort. Sie können überall dort, wo Sie eine feste Referenzlinie wie Straße, Fluß, Küste, Seeufer, Überlandleitung oder Eisenbahnlinie haben, nach dieser Methode peilen.

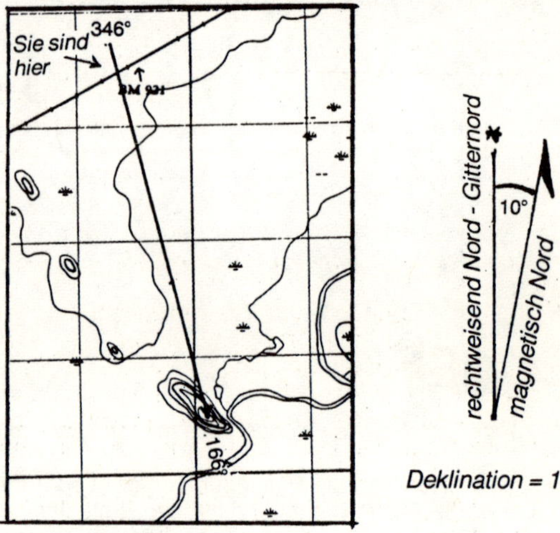

Deklination = 10° Ost

Abb. 23

Antwort zur Kreuzpeilungsaufgabe
Sie befinden sich am Nordende von Horseshoe Island.

Tips und Tricks

Wenn Sie so weit gekommen sind, sind Sie schon fast ein Experte in Orientierung. Sie können Kartenpeilungen errechnen, sie in mißweisende Peilungen umrechnen, einen Kurs durch Gestrüpp und unwegsames Gelände oder auf einem mit Inseln übersäten See halten. Sie kennen sich mit Versetzung, Kreuzpeilung und Mißweisung aus und mit einer Reihe anderer Navigationsverfahren.

Herzlichen Glückwunsch zu Ihrem schwer errungenen Selbstbewußtsein! Sie sind jetzt fast so weit, auch unter schlechtesten Bedingungen gut zurechtzukommen. Sie brauchen nur noch sehr viel Übung und vielleicht ein paar Kniffe, wie es einfacher geht.

Orientierung bei Nacht

Im Lauf der Jahre bin ich oft in finsterer Nacht über weite Seen gepaddelt. Am besten erinnere ich mich an eine Tour, bei der wir in der Boundary Waters Canoe Area in Minnesota gezeltet hatten. Als ich aufwachte, sah ich in der Dunkelheit, wie drei Bären sich genüßlich über die Trockenpflaumen hermachten, die meine Gruppe achtlos hingeworfen hatte. Wir haben es mit Trillerpfeifen und Pfannen-Deckel-Konzerten versucht, ohne Erfolg: Die Meister Petze hörten nicht darauf. Als sie das erste Zelt umgeworfen hatten, beschlossen wir, daß es Zeit sei zu gehen. Innerhalb weniger Minuten hatten wir das Camp abgebrochen und waren auf dem Wasser. Am Himmel waren weder Mond noch Sterne zu sehen, die Wolken hingen tief, und die Sicht war null.

Glücklicherweise hatte ich eine Taschenlampe und meinen Silva Ranger Kompaß. Ich zeichnete mir eine Luftlinie zu einer weiter entfernten Insel, wo ebenfalls ein Campingplatz war. Dann setzte ich den Kompaß auf den Boden des Bootes und achtete darauf, daß die fluoreszierende Nadelspitze zwischen den gleichfalls leuchtenden Punkten an den Nordlinien blieb. Bevor wir losfuhren, rechnete ich sorgfältig die Entfernung zu unserem Zielort aus. Sie betrug ziemlich genau 3 Meilen. Bei einer mittleren Paddelgeschwindigkeit im Dunkeln von ca. 2 Meilen in der Stunde sollten wir in 90 Minuten am Ziel sein. Ich stellte den Wecker an meiner Armbanduhr auf diese Zeit, und wir machten uns auf den Weg in die Nacht. Nach genau 80 Minuten stießen wir auf Land. Wir waren auf der Insel und am Campingplatz.

Also: Nachts braucht man nicht nur eine genaue Peilung, sondern auch exakte Zeit- und Entfernungsmessung.

Aufgabe: Errechnen Sie die Entfernungen zwischen den einzelnen Punkten auf der Lost-Lake-Karte (Abb. 14). Nehmen Sie eine Reisegeschwindigkeit von 2 Meilen pro Stunde an. Antworten ☞ Ergebnisse des Lost-Lake-Tests im Kap. Grundlagen der Orientierung.

Auf dem Land sind nächtliche Aktionen etwas komplizierter. Als ich vor einigen Jahren als Förster für das Bureau of Land Management in Oregon arbeitete, irrte ich drei Tage lang durch die Berge südlich von Coos Bay. Ich hatte zwar meinen guten alten Silva, aber keine Karte. Referenzpunkte konnte ich also nur aus der Erinnerung nehmen. Ich wußte z.B., daß die Straße 101 ca. 60 Meilen genau westlich sein müßte. In der ersten Nacht versuchte ich voranzukommen, aber ohne Erfolg. Nach ein paar lebensgefährlichen Stürzen gab ich entnervt auf und wartete auf den Morgen. Gegen Mittag des dritten Tages kam ich an einen Holzfällerweg und hörte in der Ferne das Stampfen eines Dieseltraktors. Wie war ich gedemütigt! Als ich am nächsten Tag wieder zur Arbeit kam, habe ich keinem Menschen davon erzählt. Schließlich verläuft sich ein Forstmann nicht...

Es gibt viele Bücher mit wilden Geschichten über Waldläufer, die ihren Weg anhand eines einzelnen Sterns oder eines simplen Kompasses fanden. Natürlich ist das möglich, und einige haben es auch schon geschafft, aber das Risiko, dabei zu Schaden zu kommen, ist eben sehr groß.

Anders sieht es mit Nachtwanderungen aus, wenn der Himmel nur leicht grau ist oder der Mond scheint oder man einen guten Scheinwerfer hat. Und übrigens, verlassen Sie sich nicht auf die Leuchtpunkte des Kompasses, um danach Ihren Weg zu wählen. Die "Nachtsicht" des Kompasses ist sehr primitiv bewerkstelligt, ohne Licht zum Nachladen läßt die Leuchtkraft schnell nach. Eine ganze Nacht halten die Dioden nie. Man muß also in jedem Fall eine Taschenlampe oder eine andere Lichtquelle haben.

Was die Orientierung nach den Sternen anbelangt (gemeint ist nicht die reguläre Astronavigation), so kenne ich niemanden, der je auf derartigen Blödsinn hat zurückgreifen müssen. Wenn Sie keinen Kompaß bei sich haben, so haben Sie bei Nacht in der Wildnis nichts zu suchen, und wenn Sie einen Kompaß haben, brauchen Sie keine Sterne. Außerdem kann man den Nordstern gar nicht immer sehen. Man kann zwar schöne Geschichten über diese Art der Orientierung erzählen, aber sinnvoll ist sie nicht. Wenn Sie sich dennoch dafür interessieren, sollten Sie einmal in einem Pfadfinderbuch oder in einem Bericht über professionelle Vermessung lesen.

Uhr als Kompaß

Wenn man nur auf die Schnelle eine grobe Richtung haben und nicht extra den Kompaß hervorholen möchte, so kann man das, wenn auch mit geringer Genauigkeit, mit einer Armbanduhr machen, vorausgesetzt, sie ist auf die richtige Zeitzone eingestellt (auch die Sommerzeit muß berücksichtigt werden). Halten Sie dazu die Uhr waagerecht, und zwar mit dem kleinen Zeiger zur Sonne. Süden ist auf halbem Weg zwischen dem kleinen Zeiger und der Zwölf. Auf einer langweiligen Wanderung können Sie damit vielleicht ein paar Freunde beeindrucken.

Sie können übrigens auf Ihrem Kompaß auch die Zeit ablesen, wenn Sie den Sonnenstand zu bestimmten Zeiten kennen, also

6 Uhr - Osten
9 Uhr - Südosten
12 Uhr - Süden
15 Uhr - Südwesten
18 Uhr - Westen

Referenzlinien

In fast allen Büchern über Orientierung findet sich auch ein Kapitel über "den verirrten Wanderer" oder wie man wieder zum Lager zurückfindet. All das beruht auf der Verwendung von Referenzlinien, d.h., man sucht sich etwas, an dem man sich "entlanghangeln" kann, eine Straße, einen Fluß oder eine Überlandleitung, und benutzt es als Referenz bei der Kreuzpeilung. Abb. 1 ist ein gutes Beispiel und zeigt auch andererseits, wie wichtig es ist, eine Karte zu haben. Allerdings muß es keine reguläre Karte sein, mit der man sich in die Wildnis aufmacht. Schon die Erinnerung an eine solche Referenzlinie kann ausreichen, um sich zurechtzufinden. Meine dreitägige Irrwanderung in Oregon ist der beste Beweis. Ich wußte genau, daß die Straße 101 exakt westlich von mir ist, und das reichte aus.

Für einen gesunden Menschenverstand gibt es keinen Ersatz. Fügt man einen guten Kompaß, eine Karte und eine geübte Hand hinzu, so hat man alles, was man braucht, um sicher und beruhigt in die Wildnis aufbrechen zu können.

Glossar

Agone: Verbindungslinie der Orte mit der Mißweisung 0°. Auf jedem Ort entlang dieser gedachten Linie zeigt der Kompaß exakt nach ☞ geographisch Nord.

Deklination: Abweichung zwischen ☞ geographisch und ☞ magnetisch Nord. Diese ändert sich von Ort zu Ort und auch von Jahr zu Jahr. Der genaue Wert ist in den topographischen Karten angegeben ☞ Nadelabweichung.

Geographisch Nord: Die Richtung zum geographischen Nordpol.

Gitternord: Die in topographischen Karten eingezeichneten Gitterlinien weichen außer am Äquator geringfügig von rechtweisend Nord ab ☞ Meridiankonvergenz.

Höhenintervall: Vertikaler Abstand zwischen den Höhenlinien. Der Wert des Höhenintervalls ist in der Karte angegeben. Er ist abhängig vom Maßstab der Karte und von der Landschaft.

Höhenlinien: Verbindungslinien von Orten gleicher Höhe. Sie sind in der Regel braun. Zähllinien sind etwas fetter und mit der tatsächlichen Höhe über dem Meeresspiegel versehen.

Legende: Die Zeichenerklärung für die Symbole, die in der Karte verwendet werden. In den meisten Fällen ist sie auf der Karte mit abgedruckt.

Magnetisch Nord: Richtung zum magnetischen Nordpol. In diese Richtung zeigt die Magnetnadel des Kompasses.

Maßstab: Er gibt das Verhältnis der Verkleinerung der Karte gegenüber der Natur an. Ist die Maßstabszahl (z.B. 25.000) klein, spricht man von einem großen Maßstab. Umgekehrt hat ein kleiner Maßstab eine große Maßstabszahl (z.B. 1.000.000).

Meridiankonvergenz: Winkel zwischen ☞ geographisch Nord und ☞ Gitternord. Der Winkel wächst mit zunehmender geographischer Breite. Am Äquator ist er 0°, bei 80° Nord oder Süd liegt der Wert bei etwa 3°. Für die praktische Kompaßarbeit kann er in der Regel vernachlässigt werden.

Mißweisend Nord: ☞ Magnetisch Nord.

Mißweisung: Oberbegriff für ☞ Nadelabweichung und ☞ Deklination.

Nadelabweichung: Abweichung zwischen ☞ Gitternord und ☞ magnetisch Nord. Summe von ☞ Deklination und ☞ Meridiankonvergenz.

Rechtweisend Nord: Die Richtung zum geographischen Nordpol.

Straßenkarten: Es sind thematische Karten, die einen besonderen Aspekt, nämlich die Straßen, besonders hervorheben. Andere Merkmale der Landschaft werden vernachlässigt.

Topographische Karten: Karten im großem Maßstab (bis etwa 250.000), die eine Landschaft mit Hilfe von Symbolen möglichst vollständig und wertneutral wiedergeben.

Wanderkarten: Sie sind in der Regel topographische Karten, die Wanderwege und Wandereinrichtungen mit Hilfe von Symbolen besonders hervorheben.

Kompaßhersteller

Alle guten Globetrotterläden führen mittlerweile ein gut ausgewähltes Sortiment an Orientierungskompassen. Lassen Sie sich dort ausführlich beraten.

Gute OL-Kompasse bekommt man ab etwa DM 18. Mit Lupe, Leuchtpunkten und langer Anlegekante muß man etwa mit DM 30 bis DM 40 rechnen.

Kompasse mit Spiegelvisieren kosten ab etwa DM 45. Wollen Sie sich vorab über die Modelle informieren, schreiben Sie nachfolgende Firmen an. Diese versorgen Sie dann mit den nötigen Unterlagen.

Silva
Onneken Ingenieurbüro
Postfach 1480
6382 Friedrichsdorf

Recta
C. Jul. Herbertz
Postfach 120127
5650 Solingen 11

Suunto
Nordisch Freizeit
Max-Weber-Straße 16
2085 Quickborn

Eschenbach Optik
Postfach 1758
8500 Nürnberg

Geographische Buchhandlungen

Für den "normalen" Buchhändler ist es manchmal schwierig, die richtige Karten herauszufinden. Oft fehlen ihm auch die nötigen Katalogwerke. In diesem Fall wenden Sie sich an eine auf Karten und Reiseführer spezialisierte Buchhandlung.

Die folgende Adressenliste erhebt keinen Anspruch auf Vollständigkeit.

Eins zu hunderttausend
Schülperbaum 15
2300 Kiel 1
☎ 0431/ 91002

Fata Morgana
Auf den Häfen 9-10
2800 Bremen 1
☎ 0421/78717

Gleumes & Co
Hohenstaufenring 47-51
5000 Köln 1
☎ 0221/211550

Aree Greul
Am Goldsteinpark 28
6000 Frankfurt 71
☎ 069/6661817

Därr's Travel Shop
Theresienstraße 66
8000 München 2
☎ 089/282032

Reisebuchladen
Kolingasse 6
A-1090 Wien
☎ 01/343384

Dr. Götze Land & Karte
Bleichenbrücke 9
2000 Hamburg 36
☎ 040/3480313

Schropp'sche Landkartenanstalt
Potsdamer Straße 100
1000 Berlin 30
☎ 030/2613456

Buchhandlung Baedeker
Friedrich-Ebert-Str. 31
5600 Wuppertal 1
☎ 0202/305011

GeoBuch
Rosental 6
8000 München 2
☎ 089/265030

Travel Book Shop Gisela Treichler
Rindermarkt 20
CH-8001 Zürich
☎ 01/2523883

Literatur

Orientierung mit Karte und Kompaß von W. Linke, 245 S., DM 29,80.
Orientierung im Gebirge mit Karte, Kompaß und Höhenmesser, 122 S., DM 19,80.
Navigation für Expeditionen, Touren, Törns und Reisen von W. Kahl, 377 S., Großformat DM 58.
Kartographie I von G. Hake, 342 S., DM 29,80.
Darin enthalten: Erfassung der Informationen, Netzentwürfe, Gestaltungsmerkmale, topographische Karten.
Kartographie II von G. Hake, 382 S., DM 29,80.
Darin enthalten: Thematische Karten, Atlanten, Technik, Geschichte.

Index